Der Jakobsweg – von den Pyrenäen nach Santiago de Compostela und weiter nach Finisterre, dem früheren Ende der Welt – übt seit Jahrhunderten eine ungebrochene Faszination auf Pilger, Wanderer und Sinnsucher gleichermaßen aus.

Susanne Schaber erzählt von der »ersten Kulturstraße Europas« und ihrer vielfältigen Geschichte, von Melodien und Baustilen, von Rebsorten und köstlichen Gerichten. Sie bewegt sich auf Seitenstraßen und verschlungenen Wegen jenseits vom Strom der Massen, begegnet Menschen auf der Suche nach Gott oder sich selbst, sammelt Mythen und Legenden vom Wegesrand und nähert sich so jenem rätselhaften Zauber, der den Wanderer hineinzieht in eine die Zeit überdauernde Welt.

»Ein kulinarisch aufgemachter, vielseitiger Band für jene, die neben spirituellen oder sportlichen Erfahrungen noch etwas anderes suchen.«
Frankfurter Allgemeine Zeitung

insel taschenbuch 4126
Susanne Schaber
Der Jakobsweg

Jakobsweg bei Burgos

Susanne Schaber

DER JAKOBSWEG

Mit farbigen Fotografien
Insel Verlag

Die Originalausgabe erschien 2008 bei Sansscouci
im Carl Hanser Verlag, München.
Umschlagfoto: AFP/Getty Images

insel taschenbuch 4126
Erste Auflage 2012
Insel Verlag Berlin 2012
© Sanssouci im Carl Hanser Verlag, München 2008
Lizenzausgabe mit freundlicher Genehmigung
Vertrieb durch den Suhrkamp Taschenbuch Verlag
Umschlag: bürosüd, München
Satz: Hümmer GmbH, Waldbüttelbrunn
Druck: Kösel, Krugzell
Printed in Germany
ISBN 978-3-458-35826-8

1 2 3 4 5 6 − 17 16 15 14 13 12

Inhalt

»Es gibt eine Nordwestpassage zur Welt des Geistes!«
Laurence Sterne, *Tristram Shandy*

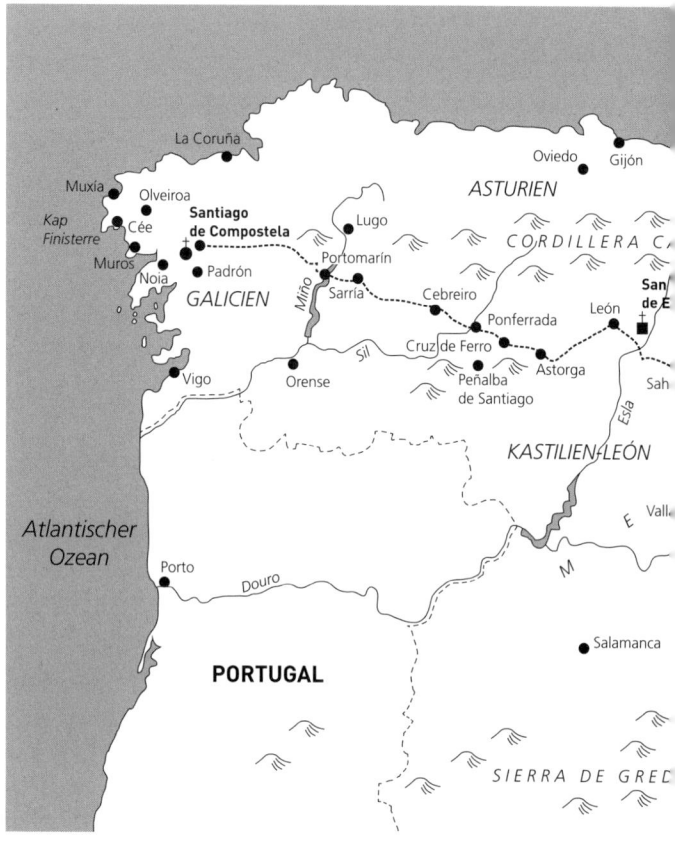

Golf von Biscaya

FRANKREICH

Santander

Bilbao

San
Sebastián

Biarritz

St-Jean-
Pied-de-Port

Oloron

IBAÑETA

Roncesvalles

NAVARRA

Pamplona

PYRENÄEN

Puente la Reina

Santo Domingo
de la Calzada

Estella

Eunate

SOMPORT

Ciriñuela

Torres del Rio

Leyre

Jaca

Burgos

Logroño

LA RIOJA

San Juan
de la Peña

*SIERRA DE
LA DEMANDA*

San Millán
de la Cogolla

Santo Domingo
de Silos

Ebro

Zaragoza

GUADARRAMA

SPANIEN

Madrid

Vorwort

Jemand nimmt sich vor, die Welt zu zeichnen.
Im Lauf der Jahre bevölkert er einen Raum
mit Bildern von Provinzen, Königreichen, Gebirgen,
Buchten, Schiffen, Inseln, Fischen, Zimmern,
Instrumenten, Gestirnen, Pferden und Menschen.
Kurz bevor er stirbt, entdeckt er, dass dieses geduldige
Labyrinth aus Linien das Bild seines eigenen Gesichts wiedergibt.
Jorge Luis Borges

Im Herzen von Logroño, am Platz vor der Kirche Santiago el Real, ist ein steinernes Spielfeld in den Boden eingelassen: das Juego de la Oca, das mittelalterliche Gansspiel. Dreiundsechzig Quadrate, alle mit Nummern, Bildern und Symbolen versehen. Weiß gefiederte Gänse legen eine Route in dreiundsechzig Etappen vor, quer durch den Norden Spaniens, von den Pyrenäen durch berühmte Orte wie Estella, Burgos, León oder Ponferrada bis nach Santiago de Compostela. Nun gilt es glückhaft zu würfeln, um möglichst schnell und sicher nach vorne zu rücken. Es gibt faszinierend schöne und glanzvolle Stationen, aber auch Felder voller rätselhafter Symbole: das Labyrinth, den Brunnen, das Gefängnis, den Tod. Und immer wieder die Gans.

Ein Brettspiel, und doch viel mehr: Auf dem Boden vor der Santiago-Kirche von Logroño spiegelt sich der Jakobsweg mit all seinen Facetten: mit den prächtigen Sehenswürdigkeiten und der Vielfalt der Landschaften – und mit den Ängsten des Pilgers, der Sorge, sich zu verirren und auf Abwege zu geraten, im Irrgarten der eigenen Ansprüche und Zweifel verlorenzugehen. Erst wer alle Abenteuer und Prüfungen durchlaufen hat, kommt in Santiago an, gelassen und versöhnt mit sich und der Welt.

Romanische Kirchen zwischen Weinbergen, gotische Kathedralen in quirligen Städten, karstige Berglandschaften, verwitterte Wegkreuze auf uralten Pässen und Übergängen, Weizenfelder voller Mohn und Kornblumen, davor ein schwer bepackter Wanderer, frohen Mutes und in Vorfreude auf die Überraschungen jedes einzelnen Tages: Der Jakobsweg entzündet die Phantasien und schickt sie auf weite Reisen. Im Mittelalter eine der wichtigsten Pilgerstraßen Europas, erlebt er nun eine Renaissance, die Staunen macht. In manchen Jahren ziehen fast zweihunderttausend Menschen über den Camino de Santiago, zu Fuß oder mit dem Fahrrad, zu Pferd oder mit Eseln. Dazu kommen jene, die im Auto unterwegs sind und die Strecke abfahren, um ein Stück weit teilzuhaben am Alltag des Pilgers.

Was treibt sie alle auf die Straße, um von den Pyrenäen über die Meseta und die Montes de León bis nach Galicien zu gelangen, in den äußersten Westen Spaniens? Die spirituelle Energie des Jakobusgrabes? Die Hoffnung auf ein Zeichen Gottes, auf Vergebung aller Sünden? Oder der Wunsch, sich beim Gehen selbst zu begegnen? Vielleicht ist es auch die Magie einer uralten Handels- und Kulturstraße: Hier ist niemand allein, jeder getragen von der Energie eines Weges, der seit Menschengedenken die Sterne entlangzieht.

Schon die Kelten sollen dieser Route gefolgt sein. Mond und Gestirne führten sie bis nach Santiago und weiter zu einem Kap im Atlantik: Finisterre, finis terrae, wo die Erde in einen Schlund stürzt und auf Nimmerwiedersehen versinkt. Spätestens mit der wundersamen Entdeckung der Gebeine des Jakobus erlebte der Camino einen unglaublichen Zulauf. Zusammen mit Rom und Jerusalem avancierte er zu einem der drei peregrinationes maiores. Gläubige aus allen Teilen Europas machten sich nach Galicien auf, um vor dem Apostelgrab in die Knie zu gehen. Alte Wege wurden befestigt, Brücken und Hospize gebaut, Kirchen und Klöster erweitert oder neu gegründet, häufig an den Orten heidnischer Kultstätten. Baustile gelangten über die Pilgerstraßen nach Spanien, philosophische Lehren und neue Reb-

sorten, Kochrezepte, Heilmittel und eine Vielzahl himmlischer Legenden.

Viele hat auch pure Abenteuerlust auf die Straßen gelockt. Und so scheint es bis heute geblieben zu sein. Der spanische Jakobsweg, auch camino francés *genannt, gilt immer noch als Expeditionsroute in einen wenig bekannten Landstrich: gut achthundert Kilometer, quer durch den Norden Spaniens, durch eigenwillige Städte und Landschaften, in gut gefüllte Speisekammern, Küchen und Weinkeller.* Con pan y vino se anda el camino, *heißt es in einem Sprichwort, frei übersetzt: Wer nicht ordentlich isst, der vernachlässigt den Geist. Schwer ist das nicht. Jede Region hat eigene Spezialitäten, ein lukullischer Paradiesgarten mit vielen Eingängen. Viel zu sehen, schmecken, riechen und hören, Erfahrungen, die von weither kommen. Sie führen zu den Wurzeln Europas zurück, hinein in ein »geduldiges Labyrinth aus Linien«, wie Jorge Luis Borges es beschreibt. In Santiago laufen alle Wege zusammen, um dort zu offenbaren, was sie wirklich sind: der Blick ins eigene Gesicht.*

Buen camino!

Verschlungene Wege
Mit Jakobus durch die Jahrhunderte

Manche Orte haben das an sich, einen Zauber,
wodurch man teilhat an den Gedanken anderer,
Unbekannter, Menschen, die in einer Welt
lebten, die nie mehr die eigene sein wird.
Cees Nooteboom,
Der Umweg nach Santiago

Alle reden vom Jakobsweg. Doch es gibt ihn nicht, diesen *einen* Weg. Der Jakobsweg ist ein Konglomerat von Wegen, mit Seitenstraßen, Verzweigungen und Sackgassen. Wie kaum eine andere Pilgerstraße spiegelt er die Geschichte Spaniens, aber auch Europas. Wer nur die Hauptroute entlangwandert, verliert sich, wer einen weiteren Blick zulässt und auf die vielen Nebenwege abbiegt, findet sich wieder und wird, so Cees Nooteboom, die Gedanken jener teilen, die vor ihm unterwegs waren, »Menschen, die in einer Welt lebten, die nie mehr die eigene sein wird«.

Das Grab des Jakobus war nicht allein spiritueller Ort, sondern immer auch politischer Boden. Die Legenden um dessen Auffindung stehen im Zentrum der wechselvollen, aber auch kuriosen Karriere des Camino. Von einem hellen Licht wissen die Chroniken zu berichten, das dem Eremiten Pelagius auf einem Feld in Galicien erschienen sein soll, irgendwann im ersten Drittel des 9. Jahrhunderts. Und ebendieses Gefunkel ließ Pelagius und Bischof Theodemir von Iria Flavia, dem heutigen Padrón, in die Wildnis aufbrechen. Und siehe da: Mitten in einem Eukalyptuswald spürten sie eine Grabkammer auf.

Das musste es sein, das Mausoleum des heiligen Jakob! Beweise? Nicht nötig.

Der Fund der Gebeine des Jakobus kommt der Kirche sehr gelegen. Das katholische Spanien, von den Mauren bedroht, kämpft um Terrain. Der Islam gewinnt Land und Macht, das Heer der Mauren wird forscher und fordernder. Es hat den Katholizismus bis in den Norden Spaniens zurückgedrängt. Dort, in den unwirtlichen Bergen Galiciens und Asturiens, formiert sich Widerstand. Die westgotischen Herrscher machen sich auf, für die heilige Sache in den Krieg ziehen. Die Reconquista beginnt, die Rückeroberung der Iberischen Halbinsel. Ein Jakobus, so Credo und Strategie, könne bei derlei Agenden sicher hilfreich sein.

Die Kunde vom sensationellen Fund der Überreste des Santiago, wie der Heilige in Spanien heißt, verbreitet sich ohnehin rasch. Auch die dazupassende Legende taucht plötzlich auf und zieht ihre Runden: Demnach soll Jakobus der Ältere nach Jesu Tod gen Spanien gezogen sein, um die Iberische Halbinsel zu missionieren. Als er nach Jerusalem zurückkehrt, trifft ihn der Zorn von Herodes Agrippa I., der die Enthauptung des Apostels anordnet. Seine Jünger verfrachten den Leichnam auf ein Schiff, das an der galicischen Küste strandet. Man bringt den Toten an Land und beerdigt ihn bei Compostela. Doch das Grab gerät in Vergessenheit, bis es im 9. Jahrhundert wiederentdeckt wird.

In jenen Tagen, da die Geschäfte mit Reliquien blühen, sind die Gebeine des Jakobus ein besonderes Geschenk. Wer einen Zahn des heiligen Andreas auf Samt betten kann, preist sich glücklich, wer ein paar Tropfen der Muttermilch Mariae in einer Phiole aufgefangen hat, rühmt sich eines Schatzes erster Klasse. Und wer nicht auf legalem Weg zu solchen Kostbarkeiten gelangt, wählt die Hintertreppe. Reliquiendiebstähle sind häufig. Der mumifizierten heiligen Elisabeth fehlen eines Tages die Brustwarzen, dem heiligen Francisco Xavier der große Zeh: abgebissen und weiterverscherbelt. So kann es gehen.

Doch in Santiago triumphiert man: Nicht alle Tage taucht gleich ein ganzer Körper auf, noch dazu der eines Apostels, des Lieblingsjüngers des Herrn. Damit lässt sich Politik machen. Anfangs sind es Menschen aus der Umgebung, die sich beim Grab des Jakobus einfinden, doch spätestens ab dem 11. Jahrhundert zieht es Pilger aus ganz Europa in den Nordwesten Spaniens. Der Papst ziert sich, zu sehr fühlt er sich von den jakobäischen Gebeinen konkurrenziert. Doch er gibt nach. Santiago wird 1095 zum Bischofssitz, 1120 zum Erzbistum erhoben.

Die Zeit der Massenwallfahrten beginnt, ganz Europa setzt sich in Bewegung. Zwischen drei- und fünfhunderttausend Menschen sollen es bisweilen gewesen sein, und dies Jahr für Jahr. Ein erster Pilgerführer erscheint: der *Liber Sancti Jacobi*, das Jakobsbuch des berühmten *Codex Calixtinus* aus dem 12. Jahrhundert, Vorläufer von Baedeker und Guide Michelin. Es beschreibt die Route nach Galicien und weiß von unzähligen Wundern zu berichten, die sich in Santiago zugetragen haben sollen. »Kranke werden gesund, Blinde bekommen ihr Augenlicht zurück, bei Stummen löst sich die Zunge, Tauben öffnet sich das Gehör, Lahme bewegen sich wieder frei, vom Teufel Besessenen wird Befreiung gewährt und, was noch mehr bedeutet, man erhört die Gebete des gläubigen Volkes, man nimmt seine Bitten auf, man löst die Fesseln der Sünden. Man öffnet jenen den Himmel, die an seine Tore klopfen, man spendet den Betrübten Trost, und Leute aus allen Ländern dieser Erde eilen in Scharen daher, um zur Ehre des Herrn Opfergaben zu überbringen.«

Santiago, Helfer in allen Notlagen. Der politische Propagandafeldzug ist zu jenem Zeitpunkt längst gewonnen und Jakobus zum spirituellen Anführer der Reconquista geworden. In der Schlacht bei Clavijo südlich von Logroño, so will es die Legende, sei den Mauren im Mai des Jahres 844 ein lautes »Santiago« entgegengeschallt. Und siehe da: Die Christen siegten. Fortan begleitet Jakobus die Feldherren und Soldaten in zahllosen Schlachten: zuerst im weiteren Kampf gegen die Sarazenen, später bei der Eroberung Südamerikas und schließlich im Spanischen Bürgerkrieg. Am 21. Juli 1937 erklärt General Franco den Jakobus zum Nationalheiligen. Schon vier Tage später, am Festtag des Santiago, habe sich der Apostel für diese Auszeichnung bedankt und den Nationalisten zum Sieg bei Brunete verholfen, hieß es wenig später. Welch zweifelhafte Ehre. Jakobus, auf seinem Pferd daherpreschend, ein Schwert in der Hand, auf die am Boden liegenden Araber zielend: Das sind Bilder und Skulpturen, die man am Jakobsweg immer wieder findet: im Kathedralmuseum von Burgos, über dem Hauptportal der Kirche Santiago el Real in Logroño und an der Fassade des ehemaligen Pilgerhospitals San Marcos in León. Und selbst am Hauptaltar der Kathedrale von Santiago trampelt der Heilige wilden Blickes über die Sarazenen hinweg.

Als der letzte arabische Herrscher Spaniens, Muhammad XII., auch Boabdil genannt, am 2. Januar 1492 kapituliert und die spanischen Könige auch die Herrschaft in Al-Andalus übernehmen, gilt die Reconquista als abgeschlossen. Doch das maurische Erbe ist auf dem Jakobsweg bis heute präsent. Ein Reihe von Kirchen im mozarabischen und Mudéjar-Stil bewahren die Erinnerung an die Baumeister und Künstler des Orients:

Peñalba

das Kloster von San Millán de Suso, die Dorfkirche von San Miguel de Escalada in der Nähe von León und – ein Kleinod besonderer Art – die Bergkirche von Peñalba de Santiago. Nicht jeder Umweg ist ein Abweg.

Gut zweiundzwanzig Kilometer sagt die Karte, eigentlich keine Distanz für die Strecke von Ponferrada nach Peñalba de Santiago. Doch die Kilometerangabe täuscht. Man muss sich Zeit geben für die Fahrt durchs Valle del Silencio, das Tal des Schweigens, wie das Tal heißt. Eine kleine Straße schraubt sich nach oben. Sie wird immer enger und kurvenreicher, je höher sich die Gebirge türmen. Unter den *peñas albas*, den weißen Gipfeln, liegt das Dorf Peñalba de Santiago, das seinen einstigen Ruhm einem Heiligen verdankt, San Genadio. Schon als junger Mönch und später als Bischof von Astorga soll er die Einsamkeit der kargen Fels- und Waldlandschaft gesucht und sich dort in seine Meditationen versenkt haben. Wenn die sommerliche Hitze über dem Bierzo lastete, entfloh er in die Berge. Und um Gott auch auf jenem kargen Boden zu dienen, ließ er in Peñalba de Santiago ein kleines Kloster errichten.
Um 937, so vermutet man, sind auch die Bauarbeiten für die Kirche abgeschlossen. Da ist Genadio schon tot und in der kleinen Kirche begraben. Fortan steigen Gläubige scharenweise nach Peñalba de Santiago auf, um ihm und dem Jakobus zu huldigen. Erst als alle beweglichen Kunstschätze nach Astorga und Ponferrada und die Gebeine des San Genadio nach Valladolid transferiert worden sind, nimmt auch die Zahl der Pilger wieder ab. Das Kloster fällt langsam zusammen, nur die Kirche wehrt sich gegen den Niedergang.
In Peñalba de Santiago wird's ruhig. Ob Gotik, Renaissance oder Barock: Für derlei Moden hatte man hier oben weder

Blick noch Geld. Zu sehr ist man damit beschäftigt, das tägliche Brot auf den Tisch zu bringen. Auf über tausend Metern Höhe wächst nicht mehr viel, Kastanien, Nüsse, etwas Gemüse, dazu kommt der Handel mit Honig und handgewebten Stoffen. Die einstige Klosterkirche bleibt so erhalten, wie sie im 10. Jahrhundert erbaut worden ist. Ein Glück. Ein Kleinod, eines der seltenen mozarabischen Bauwerke, hat auf diese Weise die Jahrhunderte überdauert.

Immer wieder kämen Pilger hier herauf, erklärt der Kustos der Kirche, als er sie aufsperrt. Nur etwa zwanzig Menschen leben heute im Dorf, in ihren dunklen, verschlossen wirkenden Häusern. Sie sind aus Granitblöcken gebaut und mit Schieferplatten gedeckt. Auf den hölzernen Balkonen hängen Zwiebeln und Maiskolben, da und dort auch Wäsche. Seit man wahrgenommen hat, welch kostbarer Schatz sich im Herzen des Dorfes verbirgt, hat man auch den Ort renoviert. Es ist still geblieben, kaum Touristen. Nur eine kleine Cantina, ein Laden, ein paar Privatzimmer für Wanderer und Naturliebhaber.

Im Kirchhof blüht der Fingerhut. Grob behauene Steinblöcke sind zu festen Mauern zusammengewachsen. Das Gotteshaus, ein wehrhaftes Kastell. Wie ein Gruß aus einer fernen Welt das Südportal mit den doppelten Hufeisenbogen, fragil und beschwingt. Die Leichtigkeit des Südens, das Licht, die Lebensfreude des Orients einmal mehr im Innern der Kirche. Ein schlichter Raum mit zwei Apsiden, beide von Hufeisenbögen umschlossen, auch dies in der Handschrift arabischer Baumeisterschulen. In der einen Apsis eine Figur des Jakobus, diesmal als Pilger, in der anderen ein San Genadio, an den Wänden Reste von Malereien aus dem 10. Jahrhundert. Sie lassen erahnen, welch wunderbare Symbiose christliche und arabische Kunst dereinst eingegangen sind.

Doch nicht nur die kunsthistorischen Juwelen entlang dem Jakobsweg erzählen von fremden Sprachen, Düften und Gerüchen. Auch in den Küchen leben maurische Traditionen weiter. *Pinchos morunos* heißen sie, die beliebten maurischen Spießchen, oft serviert mit *Riz Pilaw*. Schon das Aroma der Marinade entführt in fremde Welten.

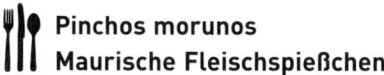

Pinchos morunos
Maurische Fleischspießchen

Für 8 Personen:

125 ml Olivenöl

3 EL Kreuzkümmel

2 EL gemahlener Koriandersamen

1 EL Paprikapulver edelsüß

1½ TL Cayennepfeffer

1 TL gemahlener Kurkuma

1 TL getrockneter Oregano

1 TL Salz, plus Salz zum Abschmecken

½ TL frisch gemahlener schwarzer Pfeffer

1 kg Lamm, am besten aus dem Rücken, in 2-3 cm große Würfel geschnitten (oder auch Hühnerbrust)

2 EL fein gehackter Knoblauch

10 g glatte Petersilie

60 ml frisch gepresster Zitronensaft

Zitronenecken zum Beträufeln

In einer kleinen Pfanne das Olivenöl mit den Gewürzen verrühren und auf niedriger Stufe etwa 3 Minuten erwärmen. Von der Kochstelle nehmen und auf Zimmertemperatur abkühlen lassen.

Das Fleisch in eine Schüssel geben und mit der Gewürzmischung einreiben. Die Petersilie, den Knoblauch und Zitronensaft zugeben und alles sorgfältig vermischen. Zudecken und über Nacht in den Kühlschrank stellen.

Am folgenden Tag den Backofengrill vorheizen oder in einem Grill ein Holzkohlenfeuer entfachen. Die marinierten Fleischstücke auf Spieße stecken und salzen.

Die Spieße in eine Grillpfanne oder auf einen Grillrost legen und von beiden Seiten je 4 Minuten grillen, so dass sie gerade durchgegart sind. Auf einer vorgewärmten Platte anrichten, mit den Zitronenecken garnieren und mit Reis servieren.

Der Beliebtheit maurischer Rezepte konnte auch die Reconquista nichts anhaben. Als die Rückeroberung Spaniens für abgeschlossen erklärt wird, droht dem Katholizismus neue Gefahr, diesmal von innen: Die Reformation zieht durch die Lande. Der Ablasshandel, in Santiago ein blühender Geschäftszweig, gerät in Misskredit. Auch der Reliquienkult findet Kritiker, wie etwa den Wanderprediger Bernhardin von Siena, einen Franziskaner: Sechs Paar Ochsen könnten die Last nicht ziehen, so sein Urteil, wenn man alle Stücke vom Kreuz Christi auf einem Platz sammelte. Das sei alles ein Machwerk von Betrügern. Erasmus von Rotterdam hakt ein: Wahrscheinlich käme ein Lastschiff zusammen, wenn man alle Partikel auf einen Haufen schichtete.

Bedenken tauchen auf: Und wenn nun die Gebeine, die man dereinst gefunden hat, gar nicht von Jakobus stammen? Auch Toulouse rühmt sich, Reliquien des Apostels zu besitzen, zudem soll es noch einen Doppelgänger in Jerusalem geben. Martin Luther schürt das Misstrauen weiter. »Wie er in Hispaniam kommen ist gen Compostel, da die gross walfahrt hin ist, da haben wir nu nichts gewiss von dem«, stellt er Santiagos Ansprüche auf den Originalheiligen in Frage. »Etliche sagen, er lig in Frankreich zuo Thalosa, aber sy seind irer sach auch nit gewiss. Drum laß man sy liegen und lauff nit dahin, denn man waisst nit ob sant Jacob oder ain todter hund oder ein todts ross da ligt ... lass raisen wer da will, bleib du daheim.« Dazu kommen Gefahren existentieller Art: Kriege und Wegelagerer lassen die Pilgerreise nach Santiago zum gefährlichen Abenteuer werden. Immer mehr Gläubige fürchten um ihr Leben und suchen sich Wallfahrtsziele in der näheren Umgebung. Ende des 16. Jahrhunderts ordnet Erzbischof Clemens an, die Gebeine des Jakobus zu verstecken. Er hat Angst, die Engländer unter Sir Francis Drake könnten Galicien angreifen und die Reliquien zerstören. Clemens' Befehl trifft auf eifrige Exekutoren: Die Überreste des Jakobus werden so einfallsreich weggeschlossen, dass man sie nicht mehr findet. Fast dreihundert Jahre lang gelten die Knochen als verschollen, ehe man sie 1879 ein zweites Mal aufspürt. Diesmal setzt sich eine sehr viele kleinere Karawane in Bewegung.

Es dauert gut hundert Jahre, bis der Jakobsweg wirklich wiederentdeckt wird. Es beginnt schleichend, doch nach 1990 treffen immer mehr Pilger in Santiago ein. Sie kommen aus allen Teilen Europas, sie reisen aus Amerika und Asien an, sogar Australier suchen ihr spirituelles Glück in Galicien. Was anfangs als Geheimtipp gehandelt wird, wächst neuerlich zur Massenbewegung heran, befördert durch die katholische Kirche Spaniens. Einmal mehr sucht sie ihren Einfluss geltend zu machen, diesmal in Straßburg. Im Frühling 1985 stellen die spanischen Bischöfe beim Europarat den Antrag, den Jakobsweg als Kulturgut von europäischer Bedeutung zu würdigen. Dem Ansuchen wird zugestimmt, seither darf sich der Camino »Erste europäische Kulturstraße« nennen. Doch damit nicht genug: Die UNESCO entscheidet 1993, den Jakobsweg als Weltkulturerbe anzuerkennen.

Der Jakobsweg ist längst zu einem sorgfältig gepflegten Fernwanderweg avanciert. Die alten Routen wurden neu kartographiert und ausgeschildert: Die Jakobsmuschel weist gen Westen, gelb auf blauem Grund, dazu der gelbe Pfeil, die *flecha amarilla*, angebracht an Hausmauern, Holzlatten und Baumstämmen. Steinerne Wegmarken mit Kilometerangaben und handbeschriftete Holztäfelchen warnen vor Umwegen. An Rastplätzen und in den Dörfern und Städten dienen Landkarten der besseren Orientierung, entlang den Straßen kündigen Schilder das Kreuzen des Camino an: eine schwarze Figur mit Pilgerstab, darunter die gelbe Muschel. Der Wanderer hat Vorrechte, zumindest hier.

Etliche der früheren Pilgerherbergen sind reaktiviert, viele neu eröffnet. Eine einstmals vergessene Region, immer schon Eldorado der Kunstliebhaber, öffnet sich nun einer weltweiten Gemeinde von Glück- und Heilsuchenden, Wanderern und Kulturtouristen. Sie alle bescheren den Hotels und Restaurants, den Apotheken, Buchhandlungen und Souvenirläden sichere Einkünfte und helfen mit, der ohnehin verbreiteten Landflucht ein kleines Stück entgegenzuwirken.

Ein Ende des Pilgertourismus ist nicht abzusehen, im Gegenteil: Die Zahl jener, die sich auf Schusters Rappen gen Santiago bewegen, steigt weiter. Manches mag einfacher geworden sein, doch die Strapazen bleiben. Sie lohnen sich, das allemal: Jeder hat seinen eigenen Weg.

Nebel am Ibañeta
Aller Anfang ist dornig: Von den Pyrenäen nach Puente la Reina

Worauf es ankommt, ist, in Bewegung zu sein,
die Notwendigkeit und die Hindernisse unserer Existenz
unmittelbarer zu spüren, dieses bequeme Federbett
der Zivilisation zu verlassen und festzustellen,
dass der Boden unter unseren Füßen aus Granit besteht
und mit scharfen Kieseln bestreut ist.
Robert Louis Stevenson

Nebel am Ibañeta. Die Pyrenäen verschwinden im Grau. Kräftige Schwaden jagen über die Passhöhe, der Wind bläht die Regenpelerinen auf und rüttelt am Rucksack. Und das soll der Beginn einer Pilgerfahrt sein? Von prächtigen Ausblicken auf Berge und Hügellandschaften wissen Reiseführer und Fotos zu erzählen, von Bartgeiern vor blauem Himmel, von Schafen und Pferden auf karstigen Almwiesen voller Schlüsselblumen und Enzian. Und nun das, Nebel, Sauwetter, von Fernsicht keine Spur.

Zwei Männer in festen Bergschuhen drücken sich an die steinernen Mauern der Kapelle neben der Passstraße und suchen Schutz unter dem Vordach. Es beginnt zu nieseln. Kein Auto zu sehen, das die beiden Pilger mitnehmen könnte, nicht einmal ein Wegweiser. Vielleicht weiß die Karte Rat, besser noch: der Kompass. Das Kloster Roncesvalles, erste Station auf dem spanischen Jakobsweg, kann nicht mehr weit sein. Die zwei schultern ihre Rucksäcke und stapfen los. Sie verschwinden zwischen den Bäumen, es geht langsam talwärts. Eine halbe Stunde später ragt am Rand des Waldes ein trutzig wirkendes Gebäude samt Kirchturm aus dem Grün. Geschafft. Das schützende Dach der Abtei ist greifbar nahe, der Schlafplatz gesichert. Regen und Sturm bleiben draußen.

Früher einmal haben die Mönche bei Nebel die Glocke geläutet, um Pilgern den Weg zu weisen und sie sicher zu Kirche und Nachtlager zu lotsen. Heute vertrauen sie auf die Handys der Touristen und die vorbeifahrenden Autofahrer, die ratlose Verirrte mitnehmen.

Dass der Ibañeta gefürchtet war, davon weiß schon das Rolandslied zu erzählen. Roland, Paladin Kaiser Karls des Großen, soll hier oben sein Leben gelassen haben, im Kampf gegen die Mauren und im Namen des Herrn. Auf dem Rückzug vom legendären Feldzug des Jahres 778, der zur Gründung der spanischen Mark geführt hatte, geraten die kaiserlichen Krieger am Ibañeta in einen Hinterhalt und werden getötet. Nicht einmal Durendal und Olifant, wie sein Schwert und Horn heißen, können den tapferen Recken retten. »Roland fühlt, dass der Tod ihn ganz übermannt. Vom Kopfe steigt er nieder nach dem Herzen. Roland eilt bis unter eine Fichte und bettet sich auf das grüne Gras, mit dem Gesicht zur Erde. Unter sich legt er sein Schwert und seinen Olifant. Den Kopf kehrt er dem heidnischen Volke zu. [...] Gott aber sandte seine Engel Cherubim und Sankt Michael dahin, und mit ihnen kam Sankt Gabriel. Sie trugen die Seele des Ritters ins Paradies.«

Das *Chanson de Roland* begleitete schon die Pilger von früher. Ihm und der Legende, wonach Kaiser Karl nach Santiago gezogen sei, um die Stadt von den Mauren zu befreien, verdankten sich so manche erbauliche Abende in den Klöstern, wo die Geschichte rezitiert und vorgelesen wurde. Und bis heute begegnet man dem tapferen Ritter am Camino immer wieder: auf einem Steinblock am Ibañeta, der an den Ort seines Todes erinnert, nahe Linzóain, wo sich der Abdruck seines Fußes in den Felsen gegraben haben soll, oder am Palast der Könige in Estella, einem der seltenen romanischen Profanbauten am Jakobsweg. Auf einem der Kapitelle ist Rolands Duell mit dem Riesen Ferragut dargestellt, einem maurischen Zyklopen.

In Roncesvalles hat er seine letzte Ruhestätte gefunden, in der Kapelle Sancti Spíritus, auch Silo de Carlomagno genannt. Ein mittelalterlicher Karner: Über und neben Roland und seinen Gefährten lagern die Gebeine unzähliger Pilger, die sich auf dem Weg über den Pass verirrt haben oder aus Erschöpfung zusammengebrochen sind. Man hat sie gleich in Roncesvalles beerdigt. Tal der Dornen heißen die Gegend und das Kloster – und dornig ist auch der Weg über den Pass. Wer ihn hinter sich gebracht hat, das gilt bis heute, geht leichten Schrittes nach Pamplona weiter: Die erste Hürde ist überwunden.

Ob aus Flensburg, Krakau oder Wien, aus Basel, Sankt Petersburg oder Ljubljana, ja selbst aus Helsinki, Sofia und Brindisi: Aus allen Teilen Europas führen Wege zum Fuß der Pyrenäen, um sich dort zu vereinigen und als *camino francés* nach Santiago zu laufen.

Als die Mauren auch den Norden der Iberischen Halbinsel bedrohten, suchten viele Pilger die Passage entlang der Küste Kantabriens, um über San Sebastián, Oviedo und Lugo zum Grab des Jakobus zu gelangen. Abgeschirmt von hohen Bergketten, fühlte man sich in Kantabrien vor den Angriffen der Muslime sicher. Mit dem Erfolg der Reconquista entstanden immer mehr Wege im Landesinnern. Die Gläubigen aus dem Süden der Iberischen Halbinsel benutzten die Silberstraße: ein ursprünglich römischer Weg, der von Sevilla über Cáceres und die Extremadura bis nach Salamanca und weiter nach Galicien führte. Die Portugiesen bevorzugten, von Lissabon kommend, die Strecke über Coimbra und Porto, die Engländer, Norddeutschen und Skandinavier kamen häufig per Schiff nach Galicien: Sie landeten in Muxía, Ferrol oder La Coruña und wanderten von dort aus zum heiligen Jakobus.

Die meisten Pilger treffen immer noch im französischen Oloron-Sainte-Marie oder auch Saint-Jean-Pied-de-Port aufeinander, um von dort aus die Pyrenäen zu überwinden: Die einen wagen sich über den Somport-Pass und wählen damit den aragonischen Weg, die anderen entscheiden sich für den Ibañeta und die Straße durch Navarra. Beide Pfade vereinigen sich kurz vor Puente la Reina, um gemeinsam gen Santiago zu ziehen. Der *camino francés*, die Route über Burgos, León, Astorga und Ponferrada, ist zum Inbegriff des Jakobswegs geworden: der französische Weg, benannt nach den vielen französischen Pilgern, die ihn benutzen. Er sei die Autobahn des Jakobswegs, spottet man heute, der Klassiker unter den vielen Strecken. Am häufigsten gegangen, am besten beschildert, am leichtesten zu bewältigen: genügend Herbergen und Bars, genügend Möglichkeiten, sich medizinisch versorgen zu lassen und seine Wunden in fröhlichen Runden zu lecken.

Die Pyrenäen waren seit jeher Barriere, eine natürliche Grenze zwischen der Iberischen Halbinsel und dem übrigen Europa. Mehr als zweihundert Dreitausender, dazu Wildbäche und Gletscher, hohe Übergänge und beschwerliche Pässe. An den Hängen karge Almwiesen, wenig Menschen, viele Tiere, sogar Bären. Wie in allen fünf Provinzen, die der Jakobsweg durchmisst, sind die Tische auch hier reich gedeckt. In Aragón treibt man Schafe und Lämmer in die Küchen. Das *ternasco de Aragón*, wie das Milchlamm hier heißt, kommt als Sonntagsbraten auf den Tisch. In seinem Fleisch steckt der Geschmack der Bergweiden, mit all ihren Kräutern, mit Thymian, Salbei, wildem Rosmarin. Wer das Lamm nicht über dem offenen Feuer grillt, schiebt es ins Rohr.

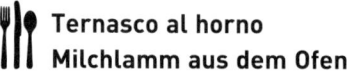

Ternasco al horno
Milchlamm aus dem Ofen

Für 6 Personen:

Keulen und Rücken von 1 Milchlamm

Salz und Pfeffer

2 Bund Petersilie, gehackt

8 Knoblauchzehen, grob gehackt

2 Zweige Thymian

100 g Schweineschmalz

¼ l Weißwein

Die Keulen und die Rückenstücke waschen, trockentupfen, kräftig mit Salz und Pfeffer einreiben und auf ein großes Backblech legen. Petersilie und Knoblauch mischen und über die Lammstücke verteilen. Dann den Thymian zufügen und das Schweineschmalz in Flöckchen über das Fleisch geben. Im vorgeheizten Backofen bei 220° C etwa 30 Minuten braten. Dann die Fleischstücke wenden und den Wein angießen. Den Ofen auf 175° C zurückschalten und das Lamm noch gut 1 Stunde braten (Garprobe machen). Während der Garzeit mehrmals mit Wasser und eigenem Saft begießen.

Immer noch ziehen die Hirten im Sommer auf die Hochweiden. Ein hartes Leben, bis heute. Die Ziegen-, Schaf- und Rinderherden sind riesig, die Tagschichten lang. In den Hütten und Sennereien entstehen die bekannten Käse der Gegend, der Tronchón oder der Roncal, ein zartwürziger, nach längerer Reifung pikanter Schafskäse, aus Rohmilch produziert. Schon im frühen Mittelalter schlossen sich die sieben größten Gemeinden des Valle de Roncal zur *Universidad de los siete pueblos del valle de Roncal* zusammen, um die Termine für den Viehtrieb zu regeln. Ein erster Versuch, der Landwirtschaft durch Management höhere Erträge abzuringen und damit auch die sozialen und ökologischen Probleme eines ganzen Landstrichs zu lösen. Man blieb innovativ: Im Jahr 1981 wurde dem Roncal die erste gesetzlich geschützte Herkunftsbezeichnung verliehen, die Denominación de Origen (D. O.) für Käse außergewöhnlicher Qualität. Ein Geheimtipp: die *cuajada* oder *gaztanbera*, eine Schafsdickmilch von joghurtähnlicher Konsistenz. Puristen essen sie ohne weitere Zutaten, wer's milder mag, vermischt die Köstlichkeit mit Honig, Mandeln oder Walnüssen.

»Um die kulinarische Kunst der Steinzeit kennenzulernen«, hat schon Hermann Graf Keyserling gelästert, »muss man nur die Hirten in den spanischen Bergen besuchen.« Selbst Brotkrumen, die *migas*, wussten sie schmackhaft zu verwerten. Altes und inzwischen knochentrockenes Brot – es soll mindestens vier Tage alt sein – wird dafür zerkleinert und in Schafstalg oder Schmalz gebraten. In guten Zeiten kommt ein Stück Speck oder *chorizo* mit in die Pfanne.

Migas de pastor
Migas nach Hirtenart

Für 4 Personen:

500 g altes Weißbrot

Salz

100 g Schmalz, ersatzweise Olivenöl

150 g geräucherter Speck, in Würfel geschnitten

4 Knoblauchzehen, in Scheiben geschnitten

Das Brot am Vortag in Würfel schneiden, in eine Schüssel geben und mit leicht gesalzenem Wasser beträufeln, es soll nicht zu feucht werden. Gut durchmischen und über Nacht ziehen lassen.

Schmalz in einer Eisenpfanne erhitzen und Speck darin auslassen. Knoblauch zugeben, hellgelb anrösten. Brotstücke in die Pfanne geben und unter Wenden mit einem Holzlöffel goldbraun ausbraten. Hirten-Migas werden gern mit weißen Trauben, Paprikawurst und Spiegelei serviert.

Einfache, kräftige Kost, gedacht für Menschen, die hart arbeiten und den Bergen trotzen. Man hat sie wiederentdeckt und findet sie bisweilen in den Lokalen der Gegend, wo oft auch eines der berühmtesten Gerichte Navarras angeboten wird: frische Forellen aus den Gebirgsbächen, schon von Hemingway geschätzt und beschrieben.

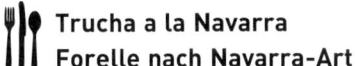

Trucha a la Navarra
Forelle nach Navarra-Art

Für 4 Personen:
4 frische, ausgenommene Forellen
Salz und Pfeffer
4 Scheiben Serrano-Schinken
Mehl zum Wenden
125 g geräucherter Speck, gewürfelt
2 EL Olivenöl
2 Knoblauchzehen, in Scheiben geschnitten

Die Forellen waschen, abtrocknen, mit Salz und Pfeffer würzen. Jede Forelle mit einer Scheibe Schinken füllen und mit Zahnstochern verschließen. Die Forellen in Mehl wenden, überschüssiges Mehl abklopfen. Den Speck in einer weiten Pfanne in Olivenöl auslassen. Knoblauch zufügen und glasig dünsten. Speck und Knoblauch aus dem Fett heben. Die Forellen im Fett auf beiden Seiten goldbraun braten. Speckwürfel und Knoblauch kann man vor dem Servieren über die Forellen geben.
Variation: Forellen vor dem Wenden in Mehl mit einer weiteren Scheibe Schinken umwickeln oder Schinken und Forellen getrennt braten und die Fische auf den gebratenen Schinkenscheiben anrichten.

Wer in Aragón oder Navarra unterwegs ist, fühlt sich kleiner als anderswo. Besonders jene Pilger, die über den Somport-Pass nach Santiago ziehen, dem ältesten und auch höchsten Übergang der Pyrenäen, in 1632 Metern Höhe. Ein erster Prüfstein. Der Weg von Oloron-Sainte-Marie zur Passhöhe ist lang, der zu überwindende Höhenunterschied groß. Schnee bis in den

Frühling hinein, dazu eisige Winde und unerwartete Wetterwechsel – eine gefürchtete Etappe. »Drei unabdingbare Säulen hat der Herr in dieser Welt errichtet«, weiß schon der *Liber Sancti Jacobi* zu berichten, »das Hospiz zu Jerusalem, dasjenige auf dem St. Bernhard und das Hospiz von Santa Cristina auf dem Somport. Diese Häuser sind dort errichtet, wo sie nötig waren; es sind heilige Orte, Häuser Gottes, den Pilgern zur Erquickung, den Ermatteten zur Ruhe, den Kranken zum Trost, den Toten zum Heil und den Lebenden zur Hilfe.« Vor 1079 gegründet, galt das Hospiz als erste wichtige Station auf spanisch-aragonischem Boden. Der Bau wurde schon im späten Mittelalter zerstört, nur ein paar kümmerliche Ruinen sind übrig geblieben, kaum mehr zu sehen. Wo früher nur das Passkreuz stand, trifft man heute auf die ehemalige Grenzstation zwischen Spanien und Frankreich. Die Zollhäuser sind verlassen, eine einfache Telefonzelle wartet auf Anrufe, doch es läutet nicht.

In der Bischofsstadt Jaca am Fuß der Pyrenäen, berühmt für ihre prachtvolle Kathedrale, führt die Route mitten hinein in die spanische Romanik. Schatztruhen öffnen sich: das Felsenkloster von San Juan de la Peña mit seinem phantastischen Kreuzgang, die eigenwillige Kirche von Santa Cruz de la Serós, die Abtei von Leyre mit ihrer düster-geheimnisvollen Krypta und dem *licor de hierbas*, einem Kräuterlikör, der nach Geist und Geistern des Mittelalters schmeckt, und schließlich Sangüesa mit der Kirche Santa María la Real: eine in Stein gehauene Bibel mit Figuren und Szenen, die ins Alte und Neue Testament verweisen – und auf einen Meister aus dem Burgund, der auch in Chartres gewirkt hat. Kurz vor Puente la Reina einer der faszinierendsten Punkte des Jakobswegs: die Kirche Santa María de Eunate.

Roncesvalles

Das alles kann man sehen und genießen – oder auch nicht. Diese ersten Tage am Jakobsweg werden zur Herausforderung. Hat man sich das ganze Unternehmen denn eigentlich *so* vorgestellt? So einsam und strapaziös, so fordernd, in jeder Hinsicht? Vielleicht wär's ja doch besser gewesen, die Schuhe zu Hause ausgiebiger einzulaufen. Und überhaupt: Reichen die paar Trainingseinheiten, die man in den Wochen zuvor absolviert hat, wirklich für einen Marsch wie diesen? Zu spät. Der Rucksack ist schwerer als erwartet, er drückt auf Schultern und Hüften. Fluchen. Erste Pakete gehen heimwärts, zumindest ein klein wenig an Ballast landet in der Post. Und dann: weiter.

Immer noch ist der Weg durch Aragón weniger begangen als die Route über Roncesvalles. Vielleicht liegt's daran, dass es einem der Ibañeta-Pass etwas leichter macht, er ist niedriger als der Somport, nur 1050 Meter hoch. Vielleicht liegt's aber auch an Pamplona, am Mythos Hemingway, Stierkampf, Blut auf weißen Hemden. Nach der Begegnung mit der Einsamkeit der Pyrenäen ist das Ankommen in der ersten größeren spanischen Stadt Vergnügen wie Schock: Autos und Tumult, ein Geschiebe in den Straßen, hektisches Treiben in den Bars, ein Kommen und Gehen auf der Plaza del Castillo. Alles nichts im Vergleich zu jenen zehn Tagen im Juli, da ganz Pamplona kopfsteht, zu San Fermín, dem legendären Fest zu Ehren des heiligen Firminus, des Stadtpatrons. »Ich erwachte durch den Lärm einer explodierenden Rakete – das Zeichen, dass man nun die Stiere aus den Koppeln am Stadtrand loslassen würde«, so Ernest Hemingway in seinem berühmten Roman *Fiesta*. »Gleich würden sie durch die Stadt jagen und zur Arena stürmen.« Jedes Jahr, zwischen dem 6. und 14. Juli, verwandelt sich Pamplona in einen Hexenkessel. Natürlich, es gibt das religiöse Fest, wenn

San Fermín endlich Ausgang bekommt. Er wird in der Iglesia de San Lorenzo abgeholt und durch die Stadt getragen, eskortiert von Priestern und Gläubigen: eine kleine Figur aus Holz, in einem roten, reich bestickten Brokatmäntelchen. Ängstlichen Blickes lässt er die Massen gewähren und blinzelt dem heiligen Jakobus am Eingang der Wehrkirche San Saturnino verschwörerisch zu.

Doch das eigentliche Herz des Festes schlägt anderswo. Das legendäre Stiertreiben durch die Gassen der Altstadt gilt als Höhepunkt jedes Tages. Kaum drei Minuten dauert der Lauf, der in der Arena endet. Es wird zur Mutprobe, mit den sechs Stieren und ein paar Kühen und Ochsen um die Wette zu laufen. Immer wieder gibt es Verletzte, manchmal auch Tote: Die Gassen sind eng, die Kurven abrupt. Wer hinfällt, wird zertrampelt. Ein archaisches Spektakel, dieses Sanfermines, ein tagelanges Feiern, ein Gelage, von Hemingway lauthals besungen. Sein Roman, unter dem Titel *The Sun Also Rises* von Henry King mit Ava Gardner, Tyrone Power und Errol Flynn in den Hauptrollen verfilmt, war für Pamplona gleichermaßen Geschenk wie Fluch. Seither stürmen auch die Touristen die Straßen von Pamplona, die Hotelpreise steigen ins Astronomische, die Pilgerherbergen bleiben geschlossen.

Jeder will den Stier, ob tot oder lebendig. Wer ihn nicht in der Plaza de toros sterben sieht, holt ihn sich auf den Teller.

🍴 Estofado de carne de toro
Geschmorter Kampfstier

Für 4 Personen:

1 kg Stierfleisch, ersatzweise Rindfleisch aus der Keule

200 ml Olivenöl

3 Zwiebeln, gehackt

5 Knoblauchzehen, gehackt

Salz und Pfeffer

2 EL Mehl

3 Möhren, in Würfel geschnitten

¼ l Rotwein

3 EL Weinessig

2 Lorbeerblätter

2 Gewürznelken

2 scharfe rote Pfefferschoten, entkernt und gehackt

1 l Fleischbrühe

1 Messerspitze Zimt

2 EL gehackte Petersilie

Fleisch waschen, trockentupfen und in mundgerechte Würfel schneiden. In einem großen Topf das Olivenöl erhitzen und das Fleisch darin von allen Seiten scharf anbraten. Zwiebeln und Knoblauch zufügen und kurz mitbraten. Mit Salz und Pfeffer würzen und mit Mehl bestäuben. Möhren untermischen, mit Rotwein und Essig ablöschen. Lorbeerblätter, Nelken und Pfefferschoten beigeben und Fleischbrühe angießen. Zum Kochen bringen und zugedeckt bei kleiner Hitze ca. 2 Stunden köcheln lassen, dabei von Zeit zu Zeit umrühren. Vor dem Servieren mit Zimt, Salz und Pfeffer abschmecken und die gehackte Petersilie unterrühren.

Pamplona hat einen Flughafen. Und in den Schaufenstern der Reisebüros hängen die Sonderangebote aus. Wäre das nicht auch eine Alternative? Die Direttissima, der Flug nach Santiago – oder gleich die Heimreise? Für einige endet der Jakobsweg schon nach wenigen Tagen. Nicht alle Pläne, am Reißbrett entworfen, werden Realität. Und nicht jeder Rückzug ist gleich unehrenhaft und feige. Entscheidungen fallen. Auch damit ist jeder alleine.

Erst weit außerhalb Pamplonas, jenseits der Gewerbegebiete und Autobahnkreuze, kehrt die Ruhe der Landschaft zurück. Der Puerto del Perdón mit seinen Windrädern und den Pilgerskulpturen aus Stahl, der Abstieg in die fruchtbare Gegend des Valdizarbe, das Ankommen in Puente la Reina. »*Y desde aquí todos los caminos a Santiago se hacen uno solo*«, verkündet das Denkmal am Eingang der Stadt – von hier an gibt es nur mehr einen Weg nach Santiago: durch die Rioja nach Kastilien-León und weiter bis zum Apostelgrab. Fast siebenhundert Kilometer, durch die Hitze oder auch Eiseskälte der Meseta, über Pässe wie den Puerto de Foncebadón oder Cebreiro und durch die regennassen Landschaften Galiciens. Fast siebenhundert Kilometer, von Osten nach Westen, von Sonnenaufgang zum Sonnenuntergang.

Ultreia, wie der alte lateinische Pilgergruß heißt, vorwärts, immer weiter! Ein Anfang ist gemacht. Alles andere ist offen.

Mein Herz, eine Weide für Gazellen
Offene Türen: Zu Besuch in einer Pilgerherberge
in der Rioja

Mein Herz ist offen für jede Form; es ist eine Weide für Gazellen,
ein Kloster für Mönche, ein Götzentempel und die Kaaba
für die Pilger; es ist die Thora und der Koran.
Ich bleibe bei der Religion der Liebe,
in welche Richtung die Karawane auch zieht.
Muhyiuddin Mohammad Ibn Arabi,
12./13. Jahrhundert

»Ich spüre sofort, wie's einem Pilger wirklich geht«, meint Jutta
Lupprich, »vom ersten Moment an, da er über meine Schwelle
tritt.« Sie spürt, ob er verschwitzt oder vom Regen durchnässt
ist, ob euphorisch, dünnhäutig oder aggressiv. Dem einen macht
sie Tee, dem anderen legt sie die Hände auf, der Dritte braucht
gleich ein Glas Wein, dem Vierten muss man erst einmal die
Blasen versorgen. Jutta Lupprich ist eine Herbergsmutter der
besonderen Art: fürsorglich, aber bestimmt, klar in ihren Hal-
tungen. Es dauere meist nur ein paar Minuten, manchmal eine
halbe Stunde, erzählt sie, bis sie alle Neuankömmlinge auf den
Boden der Realität zurückgeholt habe. »So etwas geht natürlich nicht in einer 100-Betten-Herberge, da bekommst du eine
Nummer und bist eine Nummer.« So weit würde sie es unter
ihrem Dach nicht kommen lassen.
Seit April 2006 führt Jutta Lupprich eine kleine private Pilgerherberge in Ciriñuela unweit von Santo Domingo de la Calzada: vier Stockbetten für acht Pilger, wenn es sein muss, auch für
mehr. Die schlafen dann am Boden. Wie's halt so kommt. *Hos-*
pitalera – eine Berufung? Jutta Lupprich lacht. Sie ist Anfang

fünfzig und hat viel erlebt. Und sie hat viel Glück gehabt in ihrem Leben. Das mache dankbar, sagt sie. Geboren wurde sie in Salzburg, sie hat Bühnenbild studiert. Doch in Österreich wurde es ihr bald zu eng. Vor mehr als zwanzig Jahren ist sie nach Südamerika ausgewandert, auf der Suche nach dem Tango und der Salsa. In Buenos Aires führt sie ein Theater, man spielt Brecht, Handke und Heiner Müller, auch viele argentinische Autoren. Und dann, Anfang der Jahrtausendwende, der wirtschaftliche Crash. Jutta Lupprich verliert ihre Ersparnisse, ihr soziales Netz. Sie steht vor dem Nichts, versucht einen Neuanfang in Mexiko – und geht 2003 zum ersten Mal den Jakobsweg. Ein Jahr später stirbt ihr langjähriger Freund, ganz unerwartet. Sein Tod zieht ihr den Boden unter den Füßen weg. »Das war der Moment, an dem ich dachte: Ich darf nichts mehr aufschieben.« Wie soll's nun weitergehen? Da kommt sie auf die Idee, es nochmals mit dem Camino zu versuchen. »Man hat hier mit verschiedenen Sprachen und Kulturen zu tun, mit Menschen.« Das alles liegt ihr. Sie arbeitet als Freiwillige in mehreren Herbergen mit, in großen und kleinen, sie macht sich ein zweites Mal nach Santiago auf. Und irgendwann ist die Entscheidung getroffen: Sie will bleiben und eine Herberge führen, *so*, wie *sie* sich das vorstellt.

Pilger, ob arm oder reich, die vom Grab des heiligen Jakobus zurückkehren oder dorthin unterwegs sind, müssten barmherzig beherbergt und hoch geachtet werden, ereifert sich der *Codex Calixtinus*. »Denn wer jene aufnimmt und mit Fürsorge beherbergt, wird nicht nur den hl. Jakobus, sondern den Herrn selbst als Gast haben, wie es der Herr selbst im Evangelium sagt: Wer euch aufnimmt, nimmt mich auf.«
In Astorga gab es im Mittelalter vierundzwanzig, in León sieb-

zehn und in Burgos über dreißig Hospize. Etliche davon riesig groß: Das Hospital Real von Burgos bot bis zu zweitausend Pilgern Platz. Viele dieser Herbergen und Spitäler standen in der Nähe von Flüssen: Wer sie durchwatet oder lange auf eine Überfahrt gewartet hatte, war oft müde und erschöpft und dankbar für eine Suppe und einen Strohsack.

Auch Jutta Lupprich würde niemanden abweisen, der bei Regen oder Hitze vor ihrer Tür steht. Ciriñuela ist ein Sechsundzwanzig-Seelen-Dorf in der Rioja, ein paar Häuser, eine Bar und die Albergue San Millán, wie die Herberge heißt. Santo Domingo de la Calzada ist fünf Kilometer entfernt, eine gute Stunde Fußmarsch, wenn man einkaufen muss oder auf die Post und wie Jutta kein Auto hat. Jeden zweiten Tag wandert sie in die kleine Stadt, um ihre Besorgungen zu machen – und schaut dabei auch immer kurz in der Kathedrale vorbei, beim heiligen Domingo de la Calzada: einer der vielen guten Geister des Jakobswegs. Er hat sich im 11. Jahrhundert um den Ausbau der Wege gekümmert, er hat Sumpfgebiete trockengelegt und eine Brücke gebaut. In der Kathedrale des Städtchens, das seinen Namen trägt, liegt er begraben. Zwei weiße Hühner, laut gackernd in ihrem Stall, bewachen den Sarkophag, eine Erinnerung an das Hühnerwunder von Santo Domingo de la Calzada: nur eine der zahllosen Legenden, die den Jakobsweg säumen.

Die Nähe zum heiligen Dominikus hat sich für Jutta Lupprich eher zufällig ergeben. Die Gegend habe ihr gefallen, erzählt sie, weil der Landstrich sie ans steirische Weinland erinnere. Und so hat sie sich hier im Herbst 2005 eine Scheune gekauft und sie eigenhändig zu einer Herberge umgebaut. Anfangs hat Jutta hier zwischen feuchten Mauern gehaust, sich das Wasser vom Brunnen geholt und das WC der Bar oder eines Nachbarn benutzt. Einen Winter lang hat sie Wände trockengelegt, verputzt und gestrichen, die nötigsten Einrichtungsgegenstände angeschafft. Inzwischen ist aus der Scheune eine einfache, warme Unterkunft geworden. Im unteren Raum die acht Betten, ein langer Esstisch, die Küchenzeile und daneben zwei Kabinen mit Dusche und WC. Eine Hühnerleiter führt unters Dach, wohin sich Jutta zurückzieht, wenn sie Ruhe braucht.

Die Tage sind lang. Um sechs werden die Pilger geweckt, dann gibt's Frühstück, spätestens um acht müssen alle aus dem Haus sein. Dann heißt es aufräumen, einkaufen, warten: Ab Mittag kommen die nächsten. Jutta hat ein Gespür dafür, wer wirklich pilgert oder wer nur eine billige Unterkunft sucht. Die *credencial del peregrino*, ein Pilgerpass, bürgt bis heute für die Glaubwürdigkeit der Wandernden. Nur wer sich ausweisen kann, hat Anspruch auf einen Schlafplatz in der Herberge und ein vergünstigtes Pilgermenü in dem einen oder anderen Lokal. Früher haben die Pfarreien Empfehlungsschreiben ausgestellt, heute bekommt man den Pass auch bei den Jakobsbruderschaften aller Länder. Wer mindestens hundert Kilometer des Jakobswegs zu Fuß bewältigt und in den Herbergen, Kirchen und Klöstern die entsprechenden Stempel einholt, den erwartet in Santiago die berühmte *compostela*. Eine vom Domkapitel unterfertigte Urkunde, die den Pilgern den erfolgreichen Abschluss ihrer Wanderung attestiert. Wie weit man damit kommt? Schnell nach Hause, das zumindest, denn einige Flug-, Bus- und Zuglinien gewähren Pilgern einen Preisnachlass bei den Tickets für die Heimfahrt. Spanier bringt die *compostela* sogar noch weiter: Nicht selten ist sie Teil der Bewerbungsunterlagen und dokumentiert Ausdauer, soziale Kompetenzen und eine Verankerung im Glauben. Wer's brauchen kann . . .

Pilgern ist nichts für Einsiedler, für Egozentriker und Individualisten, nichts für verwöhnte Touristen. Wer zwischen Mai und Oktober unterwegs ist, übt sich in Langmut und Improvisation. Herbergen sind keine Hotels, Vorbestellungen nicht möglich. Zwischen acht und achthundert Betten bieten die Herbergen an, Notquartiere auf Stein- und Holzfußböden nicht mitgerechnet. Fußpilger werden bevorzugt, Radfahrer oder Reiter nach Maßgabe der freien Betten eingecheckt. Der Kampf um die Matratzen ist hart: Es gibt Tage, da bilden sich schon Stunden vor Öffnung der Herbergen lange Schlangen vor den Türen. Wanderer lagern am Boden, es ist heiß, doch keiner traut sich weg. Zu wichtig ist der Schlafplatz. Eine Nacht darf man bleiben, länger nicht, es sei denn, man ist krank.

Wen Rückenschmerzen plagen und die Sorge um ungestörten Schlaf, der weicht ohnehin in die diversen Hotels, Pensionen und Privatzimmer aus. Ab und zu ein heißes Bad und ein frisch bezogenes Bett, ein ruhiges Zimmer ohne Schnarcher und den Gestank der Socken des Nachbarn. Ein Luxus, den sich so mancher gönnt. Hierarchien entstehen, die Fußpilger klassifizieren sich: Ganz oben thronen die wenigen Pilger, die ihren Weg vor der eigenen Haustür beginnen und auch zu Fuß wieder dorthin zurückkehren, gefolgt von jenen, die zumindest am Fuße der Pyrenäen losgehen und die Strecke nach Santiago in vier Wochen bewältigen. Schon etwas darunter rangieren die Pilger auf Fahrrädern und Pferden, zuletzt kommen jene, die sich nur das Finale zutrauen und die Wege in Galicien verstopfen.

Müde Wanderer sind findig. Sie entwickeln immer neue Strategien, Rücken, Gelenke und Seele zu entlasten: Die einen laden den Inhalt ihrer Rucksäcke auf Trolleys, die sie hinter sich herziehen, andere funktionieren Kinderwägen zu kleinen Transportern um. Je nach Beschaffenheit der Wege eine Erleichterung – oder eine zusätzliche Hürde. Manche vertrauen den diversen Transportunternehmen, Jacotrans und wie sie alle heißen: Die Rucksäcke werden vor der Herberge in Autos und Anhänger verladen und können am Ende der jeweiligen Tagesetappe wieder in Empfang genommen werden. Noch komfortabler die Pauschalvariante: Essen und Schlafen im Hotel, die Zimmer sind vorgebucht, tagsüber steht ein Begleitfahrzeug zur Verfügung, das Müde aufsammelt und gemeinsam mit dem Gepäck zur nächsten Unterkunft bringt. Am schlimmsten die *Tourigrinos* oder *Pilger light*, wie man sie verächtlich nennt: lassen sich mit dem Auto kutschieren, spazieren dazwischen ein paar Kilometer – ohne Gepäck, versteht sich –, um des Abends in Luxusherbergen zu nächtigen und sich vor dem Einschlafen an der Lektüre von Paulo Coelho, Shirley MacLaine oder Hape Kerkeling zu ergötzen.

Wer das Pilgern ernst nimmt, kämpft, Tag für Tag. Wer bekommt ein Bett in der Herberge, wer nur einen Schlafplatz am Boden? Oft genug verlassen die Pilger ihre Herbergen schon im Morgengrauen und mit leerem Magen. Die erste Bar auf der Strecke wird zur Anlaufstelle für den Milchkaffee, ein Croissant oder ein dick belegtes Sandwich. Das gibt Energie. Und dann nichts wie weiter. Nicht nur das Gerangel um die Pritsche macht Beine, vielleicht auch der Wunsch nach einem Treffen mit dem niederländischen Pilger von vorgestern? Wenn er erst einmal seinen Vorsprung ausbaut und eine Extraetappe einlegt, dann kann man ein Wiedersehen vergessen, dann ist er für immer aus dem Gesichtsfeld verschwunden.

In den meisten öffentlichen Herbergen kostet die Übernachtung nur ein paar Euro. Allzu viel sollte man nicht erwarten von den ehemaligen Garagen und Turnsälen, den aufgelassenen Fernfahrerunterkünften und früheren Pfarrwohnungen. Die meisten sind im Besitz von Kirche, Gemeinde oder Staat, daneben gibt es die *refugios* und *albergues de peregrinos*, die von Jakobsbruderschaften gestiftet und betrieben werden. Wieder andere Quartiere – wie die Albergue San Saturnino in Ventosa, wo Jutta Lupprich regelmäßig aushilft – sind privat geführt. Das Ganze auf der Basis freiwilliger Spenden. Jede Herberge eine Überraschung: Wie sehen die Duschen und Toiletten aus, wie durchgelegen sind die Matratzen diesmal? Kann man seine verschwitzten Socken und T-Shirts waschen, gibt's vielleicht sogar einen Wäschetrockner? Fromme Wünsche. Sie laufen häufig ins Leere. Etwas realistischer die Frage nach einer Küche. Falls ja – wie ist sie ausgestattet? Viele haben vorsorglich ihren eigenen Kochlöffel im Gepäck, dazu Tee, Tütensuppen, Pfeffer und Salz. Die Grundausstattung, die man in den Dorfläden ergänzt. Man kocht allein oder gemeinsam, Hauptsache einfach, schnell und sättigend.

Bei Jutta Lupprich würden Fertiggerichte wohl nicht auf den Tisch kommen. Viele der ganz großen öffentlichen Herbergen seien Pilgeraufbewahrungsstätten, meint sie. Das sei nicht ihres, deshalb habe sie auch unbedingt eine *albergue* nach ihren Vorstellungen aufmachen wollen. Anders könnte sie's nicht machen. Strenge Regeln, das ja, ohne die gehe gar nichts. Um zweiundzwanzig Uhr ist Nachtruhe, und vor sechs darf niemand aufstehen. Wer nachts zu telefonieren beginnt oder schon um vier Uhr früh den Rucksack packt, um im Wettlauf um das nächste Bett einen Vorsprung herauszuholen, wird vor die Tür gesetzt. Jeder Ankommende erfährt gleich, wie's läuft.

Wer sich darauf einlässt, den erwarten Wunder. Musik, Räucherstäbchen, manchmal auch Bachblüten und Kräuter: Jutta Lupprich bringt die meisten zu sich selbst zurück. Eins nach dem anderen: duschen, Wäsche waschen, den Tisch decken.

Herberge

Den Abwasch übernehmen die Männer, auch das gehört zur Hausordnung. Jutta kocht gut, viel Salat und Gemüse, an kalten Tagen Eintöpfe oder Pfannengerichte. Nicht das übliche Pilgeressen, wie es in den Lokalen angeboten wird, auch keine Spaghetti – oder nur im Notfall, wenn wirklich einmal sechzehn oder achtzehn Leute satt werden müssen. »Letztens war eine Österreicherin da, die hat mir gestanden, dass sie schon seit Tagen von einem Kaiserschmarren träumt. Gut, den gibt's dann halt.« Bei Jutta ist möglich, was anderswo unmöglich wäre.

Herbergen werden zu Ankerpunkten, hier findet man Unterschlupf und Zuflucht, hier gibt es Begegnungen und Umarmungen, Gespräche, manchmal auch Scharmützel. Man trifft sich immer wieder: Wer etwa gleichzeitig und mit ähnlichem Tempo unterwegs ist, wird sich in den Herbergen regelmäßig über den Weg laufen. Soziale Netze entstehen, Schicksalsgemeinschaften, auch Freundschaften: die meisten nicht fürs Leben, doch ein paar Wochen halten sie allemal. Ähnliches gilt für Animositäten. »Bei mir am Tisch gibt's keine politischen Diskussionen«, befindet Jutta. Wer streiten will, muss vor die Tür. Einmal waren vierzehn Menschen um ihren Tisch versammelt, aus acht verschiedenen Ländern. Wie eine große Familie. »Da sieht man, dass es funktionieren kann. Und da sitzt dann einer und sagt, er möchte einen Tischsegen sprechen. Gibt es bei mir eigentlich nicht. Und dann beginnen alle, in ihrer jeweiligen Sprache ein Gebet zu sprechen. Da fängt einer – ich glaube, es war ein Spanier – zu weinen an: Das sei das erste Mal, dass er so einen Segen gesprochen habe. Und dieser Mann war sechzig. Das sind Momente, in denen ich sage: Das ist es, und das nehmen die Leute dann mit auf den Camino.«

Tag für Tag neue Lebens- und Leidensgeschichten. Wer in Juttas Herberge eintrifft, hat meist das erste Drittel des Weges hinter sich. »Da kommen fast alle mit Blasen oder Sehnenentzündungen, der Rucksack ist ihnen zu schwer, viele jammern. Zu dem Zeitpunkt kommt aber auch schon alles heraus, was sich an innerem Gewicht angesammelt hat, was im Kopf ist. Die ersten Zusammenbrüche, die Weinkrämpfe, der Gedanke ans Aufgeben. Jeder trägt ja sein Binkerl mit sich herum, und das muss er auch wieder loswerden. Die Atmosphäre hier im Haus ist schon so, dass man sich da schnell öffnet.«

Wenn's Jutta zu viel wird, macht sie sich für ein paar Stunden aus dem Staub. Sehr viel länger kann sie die Herberge nicht alleine lassen. »Ich merke schon, dass ich manchmal erschöpft bin«, gesteht sie. Dann wandert sie den Berg hinauf oder nach Azofra oder Nájera. Auch San Millán de la Cogolla ist nicht weit, wo der heilige Millán gelebt hat.

Ciriñuela liegt im Herzen der Rioja. Eine fast schon arkadische Landschaft: sanfte Hügel, Weinberge, Weizenfelder mit Mohn und Kornblumen. Die Rioja zählt zu den wohl bekanntesten Weingegenden Spaniens. Die Römer, so heißt es, hätten nahe dem heutigen Varea Weinkulturen angelegt. Und vor ihnen schon die Berones, die Ureinwohner dieser Region. Eine wirkliche Blüte erlebte die Rioja während des Mittelalters. Pilger brachten die Kunde von den wunderbaren Weinen dieser Region in alle Teile Europas. Neue Rebflächen entlang der Flüsse Tirón und Oja und nahe dem Ebro wurden angelegt, Kaufleute mit vollen Fässern in den Norden Europas geschickt. Der Handel brachte der Gegend Ansehen und bescheidenen Wohlstand. Im 19. Jahrhundert bemühte man sich, Kellermeister aus Frankreich zu engagieren, um mit den Bordeaux-Weinen konkurrieren zu können – bis die Reblaus alles Bestreben dieser

Art zunichte machte. Der Wiederaufbau zerstörter Weinberge beginnt Anfang des 20. Jahrhunderts, beobachtet und observiert von der Estación Enológica de Haro, einer wissenschaftlichen Versuchsanstalt. Dort hat man auch ein Wein-Museum eingerichtet.

Den Pilgern ist das Monasterio Santa María la Real de Irache sehr viel näher. Das Kloster mit seiner romanisch-gotischen Kirche samt Kreuzgang ist heute verwaist und soll in einen Parador verwandelt werden, ein Luxushotel, wie vor ihm schon die ehemaligen Herbergen von Santo Domingo de la Calzada, León und Santiago. Der Wein, den die Mönche damals anbauten und kredenzten, war weithin berühmt. Die Bodegas Irache unweit der Kirche berufen sich auf diese alte Gastfreundschaft und haben einen Weinbrunnen installiert. »*Peregrino si quieres llegar a Santiago con fuerza y vitalidad*«, so verheißt eines der Schilder neben der Zapfstelle, »*de este gran vino echa un trago y brinda por la felicidad.*« Eine Einladung. »Pilger, wenn du mit Kraft und Vitalität in Santiago eintreffen willst, nimm einen Schluck von diesem großen Wein zu dir und stoße auf die Glückseligkeit an.« *¡Salud!* Aus dem Brunnen fließt Rotwein, ein Tempranillo, verstärkt durch Mazuelo, Graciano und Garnacha. Eine Cuvée, typisch für die Weine aus Navarra und der Rioja.

Patatas a la riojana
Kartoffeln mit Chorizo a la riojana

Für 4 Personen:

4 EL Olivenöl

6 große neue Kartoffeln (1 kg), geschält und in 3 cm

große Würfel geschnitten

250 g Chorizo

1 Zwiebel, gehackt

1 rote Paprikaschote, Samen und Scheidewände

entfernt und gehackt

2-4 Knoblauchzehen, fein gehackt

2 TL Paprikapulver edelsüß

1 frischer kleiner roter Chili, Samen entfernt und fein gehackt

250 ml Wasser

Salz und schwarzer Pfeffer

2 EL glatte Petersilie

In einer großen Pfanne das Olivenöl auf mittlerer Stufe erhitzen. Die Kartoffeln hinzufügen und unter häufigem Rühren 10-15 Minuten sautieren, bis sie goldgelb sind. Mit einer Schaumkelle in eine Schüssel heben. Das Chorizo-Stück in das verbliebene Öl geben und etwa 4 Minuten von allen Seiten knusprig braun braten. Falls nötig, noch etwas Öl nachgießen. Die Wurst auf ein Brett legen, etwas abkühlen lassen und in 1½ cm dicke Scheiben schneiden.

Die Zwiebeln in das verbliebene Bratfett geben und bei mäßiger Hitze unter gelegentlichem Rühren in etwa 15 Minuten goldgelb werden lassen. Die rote Paprikaschote, den Knoblauch, das Paprikapulver und den Chili hinzufügen und 5 Minuten sautieren, bis die Zwiebeln die Gewürze aufgenommen haben.

Chorizo-Scheiben und Kartoffeln zurück in die Pfanne geben und das

Wasser zugießen. Die Pfanne mit einem Deckel fest verschließen und den Inhalt etwa 15 Minuten köcheln lassen, bis die Kartoffeln weich sind. Mit Salz und Pfeffer abschmecken.

Die *patatas a la riojana* auf einer Platte anrichten, mit der Petersilie garnieren und warm servieren. Sie können als Hauptgericht oder als Tapa angeboten werden, dazu passt ein Rioja.

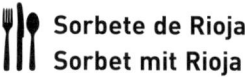 ### Sorbete de Rioja
Sorbet mit Rioja

Für 4 Personen:
150 g Zucker
1 Stange Zimt
¼ l Rotwein
abgeriebene Schale von 1 Orange
2 Eiweiß
Minzeblättchen zum Garnieren

Den Zucker zusammen mit der Zimtstange und 200 ml Wasser aufkochen, bis sich der Zucker ganz gelöst hat und der Zuckersirup klar ist. Dann die Zimtstange entfernen und den Sirup erkalten lassen.

Den Sirup mit Rotwein und Orangenschale vermischen. Das Eiweiß halbsteif schlagen, unter den Rotwein ziehen und in einer Metallschüssel 3 Stunden gefrieren lassen. Zwischendurch mit dem Schneebesen durchrühren. Vor dem Servieren das Sorbet noch einmal durchrühren und in vorgekühlte Gläser verteilen. Mit Minzeblättchen garnieren.

Variation: Man kann das Sorbet auch in hohe Gläser geben und mit eisgekühltem Cava (Sekt) auffüllen.

Jutta Lupprich hat die Weinberge direkt vor der Tür. Nach einem Ausflug durch Felder und Hügel ist alles wieder im Lot. Nun können die nächsten Pilger kommen. Die meisten wüssten ja gar nicht, welche Strapazen sie unterwegs erwarteten, meint Jutta, das sei das größte Problem: Die sind ahnungslos und naiv, fast wie Kinder. Wie die es bis nach Santiago schaffen, ist ihr ein Rätsel. Aber es trudeln immer wieder Karten und Briefe bei ihr ein: »Ich hab's geschafft.«

Was suchen die Pilger von heute? Früher war die Antwort leicht, da war es die Kirche, die ihre Schäfchen über den Jakobsweg trieb. Über Jahrhunderte hinweg hielt das Grab des heiligen Jakob Versprechen aller Art bereit. Kranke schleppten sich in den Westen Europas, um am Grab des Jakobus von ihren Leiden geheilt zu werden, Gesunde baten um ein langes Leben. Santiago half bei Unbill aller Art, er schützte Häuser vor Brand, Felder vor Hagelschlag und Dörfer vor Lawinen, er schickte Rettung bei Kinderlosigkeit, Bandwürmern und Melancholie. Nichts, was sich seiner spirituellen Kraft entgegengesetzt hätte. Wer zu alt, zu schwach oder träge war, um selbst zu pilgern, engagierte einen Stellvertreter, der an seiner statt und gegen gute Entlohnung nach Galicien wanderte. Lieber so als gar nicht. Das sah auch die Kirche so und versprach den Pilgern Erlösung. Es ging um vieles – auch um Geld, das nicht zuletzt: Die einen schickte die Sorge nach Santiago, an der Himmelspforte abgewiesen zu werden, andere die Hoffnung, sich durch eine Wallfahrt auf einen Schlag aller Sünden entledigen zu können. Man konnte sich freikaufen. Angst ließ die Hände tief in die Taschen greifen. Die Spenden reichten von Geld für Kerzen bis hin zu Talern, Silberlingen und Edelsteinen, aber auch kostbaren Kunstschätzen und Reliquien, manchmal sogar Ackerland und Waldstücken. Gaben, die den Kirchen und Klöstern entlang dem

Weg zu Reichtum und Macht verhalfen – und den Pilgern zu gutem Gewissen und ruhigem Schlaf.

Andere wurden von den Gerichten zur Pilgerschaft verurteilt: Ehebrecher, Betrüger und Mörder mussten sich mittellos auf den Weg machen, ihre Vergehen zu sühnen. Sie wurden in Ketten gelegt, um sich mit diesen Marterwerkzeugen so weit zu schleppen, bis sie barsten oder abfielen. Den ganzen Weg entlang hat man solche Ketten in den Kirchen zur Schau gestellt, Zeichen der Absolution und Mahnmal für elende Sünder. Auch Ketzer suchte man solcherart zu bestrafen – und bewirkte damit oft das Gegenteil: dass sich Irrlehren durch die wandernden Häretiker weiter verbreiteten. Zum bunten Pilgervolk kamen jene, die flüchten mussten: weil sie in ihrer Heimat als Verbrecher gesucht wurden, weil dort Pest, Hunger und Krieg wüteten oder weil sie ganz einfach ein neues Leben beginnen wollten. Und manch einen wird auch die Neugier auf die Straße getrieben haben, weiter zu sehen als bis zum nächsten Hügel und Berg.

Und heute? Das Domkapitel von Santiago und die Oficina de Acogida de Peregrinos präsentieren ihre Bilanzen: Die meisten Pilger sind Spanier, gefolgt von Deutschen, Franzosen, Italienern, Belgiern und Niederländern. Kleinere Kontingente fallen auf Österreicher und Schweizer, bei den außereuropäischen Ländern stehen Wanderer aus den USA, Kanada und Brasilien an erster Stelle. Nur wer religiöse Gründe für seine Pilgerreise angibt, erhält die *compostela*, dieser Vorgabe entsprechend gestalten sich die Zahlen. Fast dreiviertel aller Pilger geben sich als gläubig aus, die anderen nennen religiös-kulturelle oder schlicht kulturelle Gründe für ihr Unternehmen: Ihnen ist zumindest das Willkommenszertifikat sicher.

Die Realität liegt ohnehin ein Stück jenseits der Statistik. Ein

Gutteil der deutschsprachigen Pilger, so Jutta Lupprichs Erfahrung, sei wirklich gläubig, etwa siebzig Prozent, wie sie schätzt. Die seien dankbar für ein Tischgebet. Bei den anderen Nationen ist der Anteil der Religiösen oft kleiner. Und überhaupt: Der Jakobsweg bindet sich nicht an Konfessionen oder Glaubensbekenntnisse. »Bei mir sind auch schon Juden und Moslems gesessen«, sagt sie. Was suchen sie alle auf dem Camino? »Sich selbst«, so die lakonische Analyse von Jutta Lupprich. Es ist der Wunsch nach neuen Perspektiven und Möglichkeiten, nach der Versöhnung mit sich und seiner Vergangenheit. Wendepunkte werden zu Anlässen, es mit dem Jakobsweg zu versuchen: der Studienabschluss, eine Scheidung, der Tod eines geliebten Menschen, das Ende des Berufsalltags, innere Leere oder Irritation, ein Gefühl des Stillstands. Wer sich auf den Weg macht, ist über Wochen mit sich und seinem Rhythmus allein. Eine Möglichkeit, sich auf das Wesentliche zu konzentrieren: auf genügend Wasser in der Trinkflasche, auf Brot und Käse für die Rast, auf einen Unterschlupf, wenn Regen und Sturm über Land treiben.

Jutta Lupprich kennt das alles. Auch sie will im kommenden Winter wieder aufbrechen und über Sevilla nach Santiago wandern. Sechs Wochen wird sie unterwegs sein. Eine Nachbarin hat den Schlüssel zum Haus, um im Notfall den einen oder anderen Pilger zu beherbergen. Anfangs waren die Dorfbewohner misstrauisch. Da kommt eine Österreicherin daher, lässt sich in einer alten Scheune nieder, beginnt zu werken, hat kein Auto und kein Fernsehgerät. Verdächtig. Was hat die vor, hat die nichts Besseres zu tun? Inzwischen hat man sich angefreundet. Doch das Haus von Jutta bleibt eine Enklave. Rote Geranien am Fensterbrett, Mistelzweige über dem Eingang, Kräuter neben der hölzernen Bank vor der Tür. Ins Gemäuer eingelassen die Jakobsmuschel, ein gelber Pfeil führt direkt ins Innere der Herberge.

»Ich habe immer meinem guten Stern vertraut«, sagt Jutta Lupprich. »Nun möchte ich etwas zurückgeben von all dem Guten, das mir widerfahren ist. Es hätte ja auch alles ganz furchtbar schiefgehen können, gerade mein Plan mit der Herberge.« Und eigentlich könne sie sich vorstellen, auch als 80-Jährige noch hier zu leben. Da sei sie vielleicht schon zu alt für die Hühnerleiter unters Dach. Aber dann könne sie sich ja auch ein ebenerdiges Zimmer bei einem der Nachbarn suchen und die Herberge von dort aus führen. Oder es kommt doch wieder ganz anders. »Ich bin viel ausgeglichener als früher«, spürt sie. Zeit hat eine andere Dimension bekommen. Ein Schritt folgt dem nächsten. Und dann wird man sehen. *Vamos a ver.*

Ziehen Sie sich aus, Señor!
Von Engelszungen, Pilgerliedern und Vogelzwitschern

Ach amsel singst die achtel
aus deinem nest mitten im sprunge
ins gestrüpp hin ein eremit
dem keine Glocke schlägt
dein klöppel ist die zunge
Lied eines irischen Mönchs,
9. Jahrhundert

Platzregen. Ein Blitz, dann ein Krachen. Kein Hund auf der
Straße, keine Katze, kein Mensch. Die Touristen sind abgezo-
gen, Santo Domingo de Silos verschwindet im Regen und hinter dicht verschlossenen Fensterläden. Nichts zu hören, nur das
Prasseln der Tropfen, dazu Wind und Donner. Das Tor zur
Kirche fällt lauthals ins Schloss. Ein paar verlassene Figuren
sitzen im Dunkel, in sich versunken. Die Apsis ist schwach be-
leuchtet, kein Tageslicht, das von außen hereindrängt. Ein un-
wirtlicher Abend.
Bis zu jenem Moment, da sich der Chorraum mit Mönchen
füllt. Schwatzende Patres in schwarzen Kutten, die sich beid-
seits des Altars im Chorgestühl niederlassen. Alte Männer mit
bleichen, zerfurchten Gesichtern, dazwischen ein paar junge,
die Haare akkurat gestutzt, die Augen unruhig. Ihre Blicke suchen das Kirchenschiff ab und tasten sich nach hinten, zu den
Kirchenbesuchern und weiter zur Sakristei. Ein Klingeln, der
Auftritt des Abtes, mit Mitra und Hirtenstab, gefolgt von zwei
Mönchen in Weiß. Dann wird es ruhig. Bis die ersten Stimmen zu einem Choral ansetzen. »Jesu, nostra redemptio, amor
et desiderium.« Verhalten, aber bestimmt. Dann fallen die an-

deren Stimmen ein. »Deus creator omnium, homo in fine temporum.«

Die beiden Chöre beginnen ein Zwiegespräch: die Vesper, das Abendgebet der Benediktiner des Monasterio de Santo Domingo de Silos. Sechsmal am Tag versammeln sich die Mönche, um Gott zu preisen und sich singend ihren Gebeten hinzugeben. Die gregorianischen Choräle sind hier in ihrer reinsten, unverfälschten Form zu hören, dafür sind die Patres weltberühmt. Wie es dazu gekommen ist? Kopfschütteln und Schulterzucken, bis heute.

Die Erfolgsgeschichte der gregorianischen Choräle der Abtei von Santo Domingo de Silos beginnt im Frühling 1973, als man in der Abtei einen Teil der Gesänge aufnahm und als LP auf den Markt brachte. Beides verkaufte sich nur mäßig erfolgreich, die Gemeinde der Aficionados der Gregorianik schien klein. Trotzdem spielte man die Aufnahme 1993 ein weiteres Mal ein und lieferte sie rechtzeitig vor dem Weihnachtsgeschäft in die Läden. Die Erwartungen waren auch diesmal bescheiden. Doch was dann passierte, ist den Mönchen von Santo Domingo de Silos immer noch Rätsel und Wunder: Innerhalb weniger Wochen stürmten die Choräle die spanischen Pop-Charts und eroberten von dort aus die internationalen Hitlisten. Nicht nur die Jugendlichen in den Discos begeisterten sich für die ungewohnten Klänge, auch die breite Öffentlichkeit stürzte sich auf die Gesänge des Benediktinerchors aus der Einöde südöstlich von Burgos. Binnen weniger Monate wurden 1,5 Millionen Tonträger verkauft. Journalisten belagerten das Kloster. Die paar Zellen, die männlichen Gästen zur Verfügung standen, waren auf Jahre ausgebucht, die Brüder schon leicht genervt. Popstars, nein, als solche sähen sie sich wirklich nicht. Was haben sie anderes gemacht, als jene Gesänge, die im Kloster eine jahrhundertealte Tradition hatten und ganz selbstverständlich zum Alltag der Mönche gehörten, ein paar Interessierten ins Wohnzimmer zu liefern? Und nun das. Es war vorbei mit der Ruhe – und auch die Renaissance der Gregorianik nicht mehr aufzhalten: Immer neue Aufnahmen folgten, mit wechselnden Sängern und Chören. Doch der *Canto Gregoriano del coro de monjes del Monasterio Benedictino de Santo Domingo de Silos* ist und bleibt das Original.

Ein Klassiker. Sein Erfolg spricht eine fremde Sprache. Doch vielleicht treffen die einstimmigen lateinischen Gesänge, die so gar nicht in das Lärmen unserer Zeit zu passen scheinen, auf das Bedürfnis vieler, in sich zu gehen und sich ihrer selbst zu besinnen. Die plötzliche Beliebtheit der Choräle fällt in jene Jahre, da sich auch der Jakobsweg neuen Zulaufs erfreute. Das ist wohl kein Zufall. Die beiden gehören zusammen.

Die Gregorianik ist älter als der Camino, ihr Name geht auf Papst Gregor I. zurück, 604 n. Chr. gestorben und als »der Große« in den Chroniken gerühmt. Doch Gregor war nicht der Komponist dieser Choräle, wie man lange vermutet hat. Ihm kommt lediglich das Verdienst zu, die Lieder in den Liturgien verankert zu haben.

Die Texte der Bibel, einstimmig vertont und ohne instrumentale Begleitung vorgetragen, bekommen durch die Melodien eine neue Dimension: gesungene Gebete, musikalische Meditationen zur spirituellen Erbauung. Sie erfahren nach und nach eine weite Verbreitung in ganz Europa. Erst mit der Beliebtheit der Mehrstimmigkeit geraten die gregorianischen Choräle in Vergessenheit. Wiederentdeckt werden sie im 19. Jahrhundert von den Benediktinern der Abtei Saint Pierre de Solesmes. Von hier aus kehren sie in viele Klöster zurück.

Auch nach Santo Domingo de Silos. Das Kloster zählt auch heute noch zu den spirituellen Zentren Spaniens. Das Wort des Abtes hat Gewicht. Wer auf sich hält, zieht sich regelmäßig hierher
zurück, Politiker, Manager, Prominente. Dazu die ungezählten Touristen auf den Spuren der kunsthistorischen Schätze
des Klosters. Einige kommen immer noch zu Fuß. Der Weg
durch die Sierra de la Demanda dauert vier, manchmal fünf
Tage, eine Nebenroute des Camino, auf kleinen Straßen, oft
auch durch den Forst. Die Zeit vergeht langsam. Kaum Menschen zu sehen, kaum Häuser. Die Sinne werden schärfer. War
das eine Blindschleiche, die sich durchs tote Geäst bewegt hat?
Das Rascheln klingt nach Schlange, nicht nach Eidechse. Und
der Wind, übermütig oder gefährlich? Spielt er bloß mit den
Blättern, oder kündigt er ein Gewitter an? Die Haut wird dün-
ner, die Wahrnehmungen schärfer und subtiler. Wer alleine unterwegs ist, kommt nah zu sich selbst.
Früher einmal war Santo Domingo de Silos Ziel vieler Pilger,
heute scheuen viele das Abweichen vom Hauptweg, auch die
Einsamkeit dieser Strecke. Doch einige zieht es immer noch
hierher, etliche aus Respekt vor Dominikus von Silos (1010-
1073), einem der großen Heiligen des Jakobswegs. Aufgewachsen im riojanischen Cañas unweit des Camino, soll er sich schon
als kleiner Junge um die vorbeiziehenden Pilger gesorgt haben, sie mit Schafsmilch gestärkt und dabei erste kleine Wunder gewirkt haben. Nach seiner Priesterweihe lebte er als Mönch,
später als Prior im Kloster von San Millán de la Cogolla nahe
Logroño, ehe er zum Abt des damals vollkommen heruntergekommenen Klosters von Silos bestellt wurde. Unter seiner
Ägide verwandelte sich das Monasterium in eine blühende Abtei, die Künstler ersten Ranges zu beschäftigen wusste.
Der romanische Kreuzgang macht alle Umwege vergessen. An

den vier Eckpfeilern Reliefs mit Szenen aus dem Neuen Testament, darunter ein besonders prachtvolles: die Emmaus-Jünger, in ihrer Mitte Jesus als Pilger, mit Hut und umgehängter Tasche. Auf diesem Beutel eine Jakobsmuschel. Zwischen den Pfeilern eine lange Reihe von Säulen mit filigranen Kapitellen. Sie entführen in die Welt von 1001 Nacht, weit weg aus der unwirtlichen Gegend der Sierra de la Demanda, mitten hinein in einen listig angelegten Paradiesgarten aus Stein. Das Erbe der Mauren ist deutlich zu spüren, die Kunst der Elfenbeinschnitzerei, der elegant und feinsinnig bemalten Stoffe, der Buchmalerei: Szenen aus der Bibel neben anmutigen Tieren und Fabelwesen, wild wuchernde Pflanzen aus Stein neben geflügelten Monstern und dämonischen Kobolden, dazu Zentauren, Harpyien und Lebensbäume. Ein praller, sinnlicher Kosmos. Hirsche röhren, Löwen brüllen, Vögel zirpen: Töne in Dur und Moll.

»Mit übermäßiger Freude bewundert man die große Schar der Pilger, die beim ehrwürdigen Altar des hl. Jakobus Nachtwache hält. [. . .] Manche spielen Leier, Lyra, Pauke, Quer- oder Blockflöte, Posaune, Harfe, Fiedel, britische oder gallische Rotta«, wusste schon der Autor des Pilgerführers im *Codex Calixtinus* aus der Kathedrale von Santiago zu berichten. Ohne Musik ließ sich der Jakobsweg schon damals nicht denken. Ob bei den Messen und Andachten, in den Herbergen und Gaststuben, beim Gehen: Das Latein der Choräle überwand die Sprachgrenzen, das gemeinsame Singen und Beten schloss die Pilger zusammen.

Und so scheint es geblieben, anders als früher, verschämter und heimlicher vielleicht, und doch: Überall auf dem Jakobsweg wird gesungen, nicht nur in den Abteien von Santo Domingo de Silos oder Leyre, wo die gregorianischen Choräle durch die Kirchen hallen. Kaum ein Pilger, der nicht unterwegs zu seiner Stimme zurückfindet, aus Freude oder Übermut, bei Schmerz und Melancholie, bei Regen, Sturm und Hitze. Alles kommt in solchen Momenten aus den hintersten Winkeln der Erinnerung gekrochen: Kirchen- und Volkslieder aus der Kindheit, die flotten Melodien der Comedian Harmonists oder auch Schlager, die den Geist langsam einlullen und Missmut und Niedergeschlagenheit vertreiben. Wer singt, dem vergehen die Stunden und Kilometer schneller als sonst. Wer seinem inneren Cantus folgt, verliert sich in Trance.

Am Camino trafen schon im Mittelalter Spielleute, Minnesänger und Troubadoure aus ganz Europa zusammen. Die verschiedensten Stile prallten aufeinander und ließen ungewohnte Melodien entstehen. Könige und Adelige reisten mit Hofstaat und Musikern, die dann mit neuen Liedern, Klängen und Instrumenten nach Hause zurückkehrten. Wer es sich leisten konnte, gab Kompositionen in Auftrag, um Jakobus und dem Himmel zu dienen.

So auch Alfonso X. (1221-1284), einer jener Herrscher, denen die abendländische Musik eine Vielzahl neuer Impulse verdankt. *El Sabio*, so sein Beiname, der Weise: ein vielseitig interessierter, polyglotter Herrscher mit einer ausgeprägten Liebe zu den Künsten. Er ließ Latein durch die kastilische Sprache ersetzen, verfasste Gedichte und philosophische Werke, er förderte Astrologie und Mathematik, Architektur und Kartographie und gründete in Toledo eine bedeutende Übersetzerschule. Erst durch seine Ambitionen durchdrang das Wissen um Astronomie und Theologie, Mathematik und Philosophie, wie es sich im jüdischen und arabischen Kulturkreis entwickelt hatte, auch die

Kreuzgang im Benediktinerkloster Santo Domingo de Silos

europäische Kultur. König Alfonso holte die Araberpferde nach Kastilien, er sorgte für die Verbreitung des Schachspiels und ließ kostbare Stoffe und Waffen aus Andalusien an seinen Hof bringen. Gleichzeitig bemühte er sich um eine neue Gesetzgebung. In den *Siete Partidas* wurde festgeschrieben, dass den Jakobspilgern ein sicheres Geleit durch seine Herrschaftsgebiete garantiert werden müsse.

Nachhaltig verbunden ist sein Name mit Villalcázar de Sirga, einst eine der wichtigsten Stationen auf dem Camino und heute ein verschlafenes kleines Nest, wie man sie am Jakobsweg immer wieder findet. Die Tauben haben die große Plaza Mayor vor der Kirche ganz für sich alleine, die Besitzerin des Andenkenladens steckt ihre Nase kurz vor die Tür: niemand da, an jenem Sonntagvormittag im Mai. Sie sperrt ihr Geschäft zu und verschwindet in einer der Gassen. Und auch im Mesón los Templarios, früher wohl eine Herberge, überlegt man sich, den Herd überhaupt anzufeuern. Die Speisekarte hat man vorsichtshalber schon aus der Vitrine beim Eingang entfernt. Villalcázar legt sich zur Ruhe, noch ehe der Tag richtig begonnen hat.

Früher einmal tummelten sich hier Pilger, Händler und Kaufleute. Durch Schenkung geriet das Dorf im 12. Jahrhundert in den Besitz der Templer. Der Ort avancierte zu einem der Zentren der spanischen Marienverehrung – und zur Konkurrenz für Santiago, von den dortigen Bischöfen argwöhnisch beäugt. Der *Virgen Blanca*, einer Marienstatue im Innern der romanisch-gotischen Kirche, seien ungezählte Wunder zu verdanken, erzählte man sich: Pilger, denen Jakobus nicht geholfen habe, hätten hier Heilung und Hilfe erfahren. Auch Alfonso X. erreichte die Kunde von der wundertätigen Weißen Madonna. Die Legende beeindruckte ihn so sehr, dass er die *Cantigas de Santa*

María in Auftrag gab, eine der bedeutendsten Sammlungen mittelalterlicher Marienlieder, bestehend aus über vierhundert Musikstücken, in Mensuralnotation festgehalten. Zwischen den Gesängen stehen prachtvolle Miniaturen: Bilder von Musikern und ihren Instrumenten, aber auch vielfältigste Szenen aus dem Spanien des 13. Jahrhunderts.

Die *Cantigas* stimmen ein Loblied auf die Tugenden Marias an, um gleichzeitig ihre selig machende Wundertätigkeit in höchsten Tönen zu preisen. In den Episoden der prallbunten Illustrationen, etliche davon in Villalcázar und im nahe gelegenen Castrojeriz angesiedelt, spiegelt sich das mittelalterliche Leben – und in ihm auch der Alltag auf dem Camino, mit all seinen Heiligen-, Schauer- und Abenteuergeschichten, die unterwegs von Mund zu Mund gingen. Von Arabern und Christen ist darin die Rede, die in heftigen Gefechten aufeinandertreffen und sich lustvoll zerfleischen, von Ärzten, die Beine und Arme amputieren und Leprakranke pflegen, von Kurpfuschern und falschen Apothekern. Einstmals fromme Pilgerinnen locken keusche Männer in den Hinterhalt: Ziehen Sie sich aus, Señor! Sie enden als Dirnen und schmoren in der Hölle. Eine Äbtissin, so hört man weiter, habe sich vor dem Bischof vollends entblößen müssen, um zu beweisen, dass ihr Bauch flach und ihr Gewissen rein sind.

Überall dort, wo Unheil droht, greift Maria ein, die Virgen Blanca von Villalcázar. Vor ihr verneigt man sich bis heute, vor einer kleinen Statue in der Jakobuskapelle der Kirche Santa María la Blanca. Eine Autorität. Man mag es kaum glauben, wenn man sie da sitzen sieht. Eine fröhliche Madonna, in einem blauen, mit Sternen übersäten Mantel, zwei Engel auf den Schultern, den Jesusknaben auf dem Schoß. Man hat ihm den Kopf abgeschlagen und seiner Mutter die rechte Hand. Doch sie lächelt weiter. Zu ihren Füßen drei prachtvolle Sarkophage aus Marmor, von Löwen getragen und mit prächtigen Reliefs geschmückt. In einem davon liegt Don Felipe, der Bruder von Alfonso X. Und mit ihm ist hier auch eine Liebesgeschichte begraben – vielleicht die schönste, die der Jakobsweg zu bieten hat.

Bruderzwist im Hause Kastilien-León. Infant Felipe muss sich schon als junger Mann in sein Los als Zweitgeborener fügen und wird zum Geistlichen. Die Karriereleiter führt steil nach oben: Kanoniker der Kathedrale von Toledo, Abt in Covarrúbias, einem Kloster unweit von Santo Domingo de Silos, und schließlich Erzbischof von Sevilla. Felipe steht kurz vor den letzten Weihen, als er Kristina kennenlernt, Prinzessin von Norwegen und eigentlich als Braut für Alfonso X. vorgesehen. Doch der hat sie verschmäht. Felipe und Kristina entbrennen in leidenschaftlicher Liebe zueinander. Felipe legt Ämter und Würden nieder, um für die Königstochter aus dem hohen Norden frei zu sein. Mögen Alfonso und sein adeliges Gefolge auch noch so zetern, mögen die Verwünschungen der Kirche den Liebenden bis in ihre Kemenate folgen: Die beiden heiraten, allen Gesetzen und Formalitäten des Hofes zum Trotz.

Der Zorn Alfonsos belastet die Ehe, doch Felipe ist sich seiner Entscheidung sicher. Da stirbt Kristina, viel zu früh. Felipe ist untröstlich – und lässt sich Jahre später doch noch auf eine zweite Ehe ein, mit Doña Leonor Ruiz de Castro. Die Zeichen stünden nunmehr auf häuslichen Frieden mit dem Bruder, doch der bleibt aus. Felipe stirbt 1274, seine Frau folgt ihm wenig später in den Tod. Zumindest ihre beiden Sarkophage mit den fein in den Marmor ziselierten Szenen der Begräbnisfeierlichkeiten spiegeln den Prunk des Hofes. Eine späte Geste der Versöhnung? Mag sein. Kristina freilich, die liegt alleine in Covarrúbias, weit von ihrem Ehemann entfernt, in einem schlichten Sarkophag in der düsteren Kirche von San Cosme y San Damián.

Vom Schicksal Felipes und seiner Kristina schweigen die *Cantigas*. Und auch in den Kirchen entlang dem Jakobsweg versteht man sich nicht auf Liebeslieder, von dort sind nur himmlische Klänge zu hören, vorgetragen von Engeln mit Schalmeien, von den vierundzwanzig Ältesten mit ihrem Orchester und lauthals singenden Cherubim. Sie sitzen auf Säulen und in den Portalen der Kirchen und jubilieren, ob in Santiago, Noia oder Santo Domingo de la Calzada, wo sogar König David zu seiner Fidel greift. Melodien, für immer im Stein verschlossen.

Allein in Santo Domingo de Silos scheinen die Gesänge von einst weiterzuleben. Schwaden von Weihrauch hängen in der Luft, dazu der Geruch von Wachs, die Stimmen der Mönche, die sich in jahrhundertealten Tonfolgen und Rhythmen durch die Zeit bewegen. Der letzte Choral ist verklungen, nur die Orgel brandet nochmals auf. Ein verstecktes Gähnen bei einem der Patres. Wen wundert's? Die Tage in Silos sind lang, noch vor dem Frühstück, um sechs Uhr morgens, die Vigil, gefolgt von Terz, Eucharistie und Sext. Dazwischen die Führungen durch den Kreuzgang, lärmende Bustouristen auf der Suche nach Ansichtskarten, Devotionalien und CDs. Nun noch die Vesper, später noch die Komplet, das Nachtgebet. Dann Schweigen, endlich.

Abt Clemente nimmt seinen Stab und versammelt seine Jünger um sich, gemessenen Schrittes ziehen sie vom Altarraum ins Dunkel der Kirche ab. Ganz hinten biegen sie in eine Kapelle, um sich vor dem Altar mit den Reliquien des Santo Domingo zu verneigen. Ein letzter Choral, diesmal auf Spanisch:

»Ruega por nosotros, Padre Santo Domingo.« Draußen, aus der Ferne, ein letztes Donnergrollen, das Gewitter. Ein Gruß vom Himmel, was sonst? Es dämmert, als die Vögel ihr Abendlied anstimmen. Dann wird es still.

Einöde in Ocker
Steine und Prüfsteine: Die Meseta

Dies traurige Ödland, wo auf des Menschen Ruf
kein einziger Berg ein Echo zurückgibt,
diese Wüstenwelt, diese Einförmigkeit,
diese Einöde in Ocker: wie ein Totenkopf.
José Hierro

Drei Monate Winter, neun Monate Hölle. Ein einziger Satz
birgt den Schrecken: die Meseta, ein riesiges Hochland im Zentrum der Iberischen Halbinsel, ausladend und flach wie *la me-*
sa, der Tisch.
Das Herz Spaniens, Castilla la Vieja, wie die Gegend heißt,
das alte Kastilien: eben, trocken, endlos weit. Bis zum Horizont nichts zu sehen als Weideflächen, brachliegende Äcker
und ein paar wenige Bäume, dazwischen Städtchen und kleine Dörfer. Riesige Weizenfelder legen sich wie Teppiche über
die Landschaft, lassen die Blicke im Grün, Gelb und Ocker er-
trinken. Wer wieder auftaucht, findet sich in der Steppe wieder, zusammen mit Kranichen, Luchsen, Trappen.
Früher einmal, so erzählt man sich, war die Meseta von dich-
ten Eichenwäldern bedeckt. Doch die hat man abgeholzt, um
Material für den Schiffbau zu gewinnen. Seither ist die Ebene
nackt, dem Wetter schutzlos ausgeliefert. Im Sommer liegt sen-
gende Hitze über den Feldern, winters jagt der Wind über die
Hochebene. Keine Hügel, Berge oder Wälder, die ihn brem-
sen. Der Landstrich wirkt eisig und klamm. »O Land, traurig
und stolz«, so Antonio Machado:

Land der Hochflächen und der Einöden voller Steine,
der Flur ohne Pflug, ohne Rinnsal, ohne Haine
der verfallenen Städte, der Wege ohne Ruhestatt,
der Tölpel ohne Tänze und Lieder, stier und platt,
die der sterbenden Herdglut noch jetzt den Rücken kehren
und wie, Kastilien, deine Flüsse drängen nach Meeren.

Kastilien ist das Land der Burgen, der *castillos*. Einst ein kaum
besiedeltes Niemandsland zwischen Norden und Süden, geriet
Kastilien mit den Kämpfen zwischen Mauren und Christen
ins Auge des Sturms. Immer mehr Festungen bewachten die
Grenzlinien. Die Gegend wird zum Zankapfel, die Meseta zum
Schlachtfeld. Die Chroniken von grausamen Gefechten sind
zu Lesebuchgeschichten erstarrt. Deren berühmteste ist die
Heldensaga von El Cid, dem Kämpfer für Gott und Vaterland.
Schon sein Name spiegelt Ruhm und Verehrung: El Cid nann-
ten ihn die Mauren, den Herrn. El Campeador hieß er bei den
Christen, der Kämpfer. In Burgos feiert man ihn mit einem
Standbild mitten in der Stadt: ein grimmiger Krieger, hoch zu
Ross, das Schwert erhoben, den Mantel vom Wind gebläht.
Burgos, 884 im Zuge der Reconquista als militärischer Stütz-
punkt gegründet, gilt als Heimat des Cid. Hier wurde er 1043
als Rodrigo Díaz de Vivar geboren, von hier aus zog er gegen
die Mauren in die Schlacht. Später wechselte er die Seite und
kämpfte gegen die Christen, um dann neuerlich zum katho-
lischen König zurückzukehren. Kurz darauf befreite er Valen-
cia aus maurischer Besatzung – und unterjochte die Stadt aufs
Grausamste. Die Zeit seiner Herrschaft gilt immer noch als
brutale Diktatur, es gab Folterungen, Spitzelwesen und erbar-
mungslose Bestrafung muslimischer Bürger. Noch im Tod setz-
te sich der Cid ein Denkmal: Er habe, so die Fama, für den Fall

Meseta zwischen Castrojeriz und San Nicolás del Real Camino

seines Todes angeordnet, seinen im Gefecht getöteten Leichnam auf ein Pferd zu binden und dieses nochmals in die Schlacht zu schicken. Das Auftauchen des Totgeglaubten, so die Legende weiter, soll die Mauren so erschreckt haben, dass sie den Rückzug antraten.

Die Leiche El Cids wurde später in der Kathedrale von Burgos bestattet. Ein schlichtes Grab, eine einfache Steinplatte direkt unter dem berühmten Sterngewölbe. In der Capilla del Corpus Christi des Kathedralmuseums der Reisekoffer des Cid: eine von Würmern zerfressene, windschiefe Truhe, mit Eisen beschlagen – ein übergroßer Held wird klein, fast menschlich. El Cid ist längst zum Mythos geworden. Er lebt nicht nur im *Cantar de mío Cid* weiter, dem wohl berühmtesten spanischen Heldenepos, sondern auch in zahlreichen Gedichten und Romanen, in Filmen und Opern – und nicht zuletzt in einer Travestie von Arno Schmidt, die er in seinen Roman »*Kaff auch Mare Crisium*« schmuggelte.

Der tote Cid musste sich einiges gefallen lassen – auch von Franco, der die Heimat des Campeador für seine Zwecke zu nutzen suchte. Der Generalísimo machte Burgos zum Sitz der Nationalen und installierte hier bis 1939 ein Gegenkabinett zur Regierung in Madrid. Traurige Erinnerung: Von Burgos, wo Franco eine große Militärbasis installiert hatte, startete am 26. April 1937 ein Großteil der Flugzeuge der Legion Condor, die er von Hitler zur Unterstützung seiner Ziele erbeten hatte. Sie flogen nach Guernica und zerstörten die Stadt bis auf die Grundmauern. Über hundert Menschen wurden dabei getötet.

Von Logroño, der zweiten größeren Stadt hinter Pamplona, dauert es fünf, oft auch sechs Tage bis an die Grenze zwischen der

Rioja und Kastilien und nach Burgos. Eine der reizvollsten Etappen des Camino. Wege durch Hügel- und Weinland, durch die Ausläufer der Sierra de la Demanda und die Montes de Oca, die Berge der Gans, vorbei an romanischen und gotischen Kirchen und Kapellen, an Einsiedeleien. Ein paar Kleinstädte, die von früheren Zeiten träumen, aber auch winzige Dörfer, nur ein paar Häuser groß. Die Bar, so's eine gibt, wird zum Nabel der Welt. Aspirin, Fahrpläne für den Bus, ein Teller Suppe, ein Glas Wein, ein Telefon – alles da, was des Pilgers Herz erfreut. Eine kurze Studie des dörflichen Lebens, gespiegelt in den Szenen an der Theke, und es geht weiter. Ab und zu der Lärm der Fernlaster auf der N120, doch ansonsten eine ruhige, beschauliche Strecke. Die Gedanken versinken im Grün, die Schritte ziehen leichter dahin als anderswo. Burgos ist nicht mehr weit und damit die Aussicht auf eine belebte Stadt mit Straßencafés und Restaurants, mit Buchhandlungen, Museen und Kinos. Vorfreude auf ein Stückchen urbanes Lebensgefühl. Und dann das Ankommen, die Enttäuschung. Die Stadt präsentiert sich als geschlossene, abweisende Festung, eng, fast beklemmend.

Die Kathedrale sei für ihn eine »unordentliche, dunkle Abschussrampe, für einen Aufbruch eingerichtet, der schon seit Jahrhunderten verschoben wird«, schreibt Cees Nooteboom in *Der Umweg nach Santiago*. Ein überladenes, düsteres Raumschiff, für Odysseen im Weltall gerüstet. In den Geschäften liegen Würste, die nach Schwert und Degen riechen, dazu fette Schinkenbeine, Schweinsfüße, Kutteln und Bauchspeck. In den Lokalen der Altstadt zelebriert man die Ritterromantik à la Cid, auf den Plätzen und in den Gassen ist die streitbare Vergangenheit omnipräsent: nahe dem Reiterstandbild des Cid das Schuhgeschäft »Guerra«.

Burgos trägt schwer an seiner Geschichte. Eine abweisende Stimmung liegt über der Stadt. Ein schlechtes Omen für den Beginn der Pilgerreise durch die Meseta? Viele Pilger sehen die Etappe zwischen Burgos und León als Prüfung, als Sinnbild des eigenen Lebensweges. Die Pyrenäen und ihre Ausläufer sind überwunden, der Aufbruch ins Neue scheint gelungen. Doch nun gilt es durchzuhalten, die Tage in der Meseta werden zur Herausforderung, auch Buße. Nur wer die Krise durchlaufen hat, den erwarten das Grün Galiciens und der Ausblick aufs Meer.

Der Camino wird zum Stationen-, wenn nicht sogar Kreuzweg. Schritt, Schritt, Schritt. Der Pfad führt oft schnurgerade dahin, manchmal parallel zu viel befahrenen Autostraßen, auch Autobahnen. Immer wieder sind lange Alleen zu sehen, die man vor wenigen Jahren angelegt hat. Doch die Bäumchen sind noch zu schmächtig, um den Pilgern Schatten zu spenden. Ihre Arme können dem Wind kaum trotzen, einige von ihnen sind wieder abgestorben. An den Raststellen Bänke aus Beton, von der Sonne aufgeheizt im Sommer, eisig kalt im Winter. Wer hier unterwegs ist, begegnet sich selbst. »Das Feld, vor dem du stehst, scheint dieselben Proportionen zu haben wie dein eigenes Leben.« John Berger. Gedanken verschaffen sich Raum, die im Alltag ausgesperrt bleiben. Zweihundert Kilometer quer durch die eigene Biographie, die Lebenslinien entlang. Kaum jemand, der hier nicht weint.

Standortbestimmungen. Das Auge erstarrt, krallt sich an seltsamen Phantasien fest. War der Kirchturm, der vor einer Stunde am Horizont aufgetaucht ist, nicht schon zum Greifen nah? Die Wanderer lassen sich täuschen. Es dauert noch Stunden, ehe Ort und Kirche wirklich fassbar werden. »Lang über Land eine Straße«, so Antonio Machado, »zwischen grauem Felsgedränge, / Flecken von dürftigem Grase, / in dem schwarze Stiere weiden. Dornzeug, Dickicht, Heckenhänge.«

Die Ruinen verlassener Burgen werden zu Wegmarken, ähnlich die Kirchen und Kapellen. Sie zählen zu den schönsten Bauten der spanischen Romanik. San Martín in Frómista mit seinen Tierköpfen und Fratzen auf den Konsolsteinen unter dem Steindach, die Santiago-Kirche von Carrión de los Condes oder Sahagún nicht zu vergessen, das spanische Cluny, mit den Ruinen des Klosters San Facundo und der Kirche San Tirso: einer der ältesten Backsteinbauten der Romanik, ein Erbe der Mauren, aus der Not geboren in einer Gegend, in der sich kein Holz findet, nicht einmal mehr Stein.

In vielen Dörfern der Meseta verfallen die Häuser. Man hat sie aus Lehmziegeln gebaut. Wenn sie nicht regelmäßig neu verputzt werden, trocknen die Ziegel aus, Risse entstehen, die Mauern stürzen zusammen. Die Landflucht ist groß, vielerorts schmerzen Armut und Verfall. Kastilien war im Mittelalter ein begütertes Land, die Schafzucht und der Handel mit Wolle sorgten für Wohlstand. Die *cañadas* können davon erzählen, die Straßen für den Viehtrieb. Ein paar Kilometer vor Calzadilla de la Cueza ist eine von ihnen zu sehen. Ein staubiger Weg, ein paar Meter breit, vom Süden nach Norden laufend, quer durch die leere Landschaft.

Die Transhumanz, eine uralte Form der Weidewirtschaft, war auch in Spanien über Jahrtausende hinweg verbreitet. Sommers, wenn es in Andalusien und der Extremadura drückend heiß und trocken wurde, trieb man riesige Schafherden zu den Weiden im Norden, um sie im Herbst und Winter wieder in den Süden zurückzuholen. Burgos galt als Zentrum des Wollmarkts, die hiesigen Händler unterhielten Beziehungen zu den wichtigsten Städten Europas, zu London, Antwerpen, Brügge, Bordeaux. Das Geld, das der Norden Spaniens auf diese Weise in seine Taschen scheffelte, floss in die Kirchen und Kathedralen entlang des Jakobswegs.

Zwischen 1400 und 1500 soll es vier Millionen Tiere gegeben haben. Quer durch Spanien zogen die *cañadas*, über viele Hunderte von Kilometern. Erst mit dem Verfall der Wollpreise und der Verbreitung der Baumwolle wurden die Schafherden kleiner – und mit ihnen die Bedeutung der Transhumanz. Die früheren Viehtränken, Hirtenhütten und Almen verfielen, ein Gutteil der *cañadas* ist zerstört oder zerschnitten von Straßen, Autobahnen und Zuglinien. Seit 1995 sind die alten Triebwege rechtlich geschützt, Traditionen sollen gewahrt werden. Am 27. Oktober 1996 zog eine riesige Schafherde mit fünf Hirten mitten durch Madrid: Man macht ihnen wieder Platz. Doch die Zeit der großen Herden ist für immer vorbei. Wer Glück hat, sieht ein paar Schafe und Rinder grasen. Gebratenes Milchlamm gilt immer noch als Spezialität der kastilischen Küche, ähnlich zubereitet wie in den Pyrenäen. Ein Sonntagsbraten. Unter der Woche steht die *olla podrida* am Herd, ein kräftiger Eintopf mit Gemüse, Kichererbsen oder Bohnen, je nach Religion – christlich, arabisch oder jüdisch – mit Schweinefleisch, Huhn oder Lamm. »Die große Schüssel, die dort dampft, scheint mir *olla podrida* zu sein«, hört man Don Quijote sagen, »und da sich so eine große Mannigfaltigkeit in derlei *olla podrida* findet, so kann es mir ja nicht fehlen, dass ich irgendwas darin finde, das mir schmeckt und zuträglich ist.«

Leicht orientalisch beeinflusst ist auch das Rezept für das *pollo en pepitoria*, das Huhn in Mandel-Eier-Sauce.

Olla podrida
Eintopf aus Kastilien-León

Für 6 Personen:

300 g getrocknete Kichererbsen

250 g Rindfleisch

500 g Schweinerippen

1 Schweinsfuß

1 Schweinsohr

100 g luftgetrockneter Schinken am Stück

100 g geräucherter Speck am Stück

1 Zwiebel, gespickt mit 1 Lorbeerblatt und 2 Gewürznelken

2 Möhren, in Stücke geschnitten

2 weiße Rüben, in Stücke geschnitten

2 Chorizo-Würste oder eine andere Paprikawurst

2 spanische Blutwürste

2 Knoblauchzehen, gehackt

Salz und Pfeffer

1 EL Schmand

Die Kichererbsen über Nacht in reichlich Wasser einweichen. Am nächsten Tag mit dem Einweichwasser, dem Rindfleisch, Schweinerippchen, Schweinsfuß, Schweinsohr, Speck und Schinken in einem großen Topf aufsetzen und so viel Wasser angießen, dass alle Zutaten bedeckt sind. Die gespickte Zwiebel zufügen und ca. 1 Stunde kochen lassen.

Die Möhren und die Rüben unter den Eintopf mischen und die Würste einlegen. Knoblauch mit etwas Salz zerdrücken und in den Eintopf geben, mit Pfeffer würzen und das Schmalz unterrühren. Weitere 15 Minuten garen.

Fleisch, Speck, Schinken und Würste aus dem Eintopf heben und klein schneiden. Rippchen und Schweinsfuß auslösen, das Fleisch ebenfalls in Würfel schneiden. Wieder untermischen und nochmals im Eintopf erhitzen. Vor dem Servieren mit Salz und Pfeffer abschmecken. Viele spanische Hausfrauen schwören darauf, die *olla podrida* mehrere Stunden köcheln zu lassen. Erst dann könnten die Zutaten ihre Aromen vollständig entfalten.

 Pollo en pepitoria
Huhn mit Mandel-Eier-Sauce

Für 4 Personen:

125 ml Olivenöl

75 g blanchierte Mandeln

3 Knoblauchzehen, gehackt

1 Scheibe weißes Landbrot, ohne Rinde

1 Poularde von 1½-2 kg, in serviergerechte Stücke zerteilt

Salz und Pfeffer

180 ml Hühnerbrühe

¼ TL zermahlene Safranfäden

125 ml trockener Sherry (Fino)

1 Lorbeerblatt

1 TL frischer gehackter Thymian

Eigelbe von zwei hart gekochten Eiern, zerdrückt

frisch geriebener Muskat

3 EL fein gehackte glatte Petersilie

In einer Pfanne einige EL Olivenöl auf mittlerer Stufe erhitzen. Die Mandeln hineingeben und in 3-5 Minuten goldgelb rösten. Mit einer Schaumkelle in einen Mixer oder Mörser geben. Den Knoblauch in dem in der Pfanne verbliebenen Öl auf mittlerer Stufe 1-2 Minuten leicht bräunen. Mit einem Schaumlöffel zu den Mandeln geben. Das

Brot in demselben Öl etwa 5 Minuten von beiden Seiten rösten, bis es goldbraun ist. Aus der Pfanne nehmen, in mehrere Stücke zerteilen und ebenfalls in den Mixer oder Mörser geben.

Die Geflügelstücke abspülen und mit Küchenkrepp trockentupfen. Mit Salz und Pfeffer würzen.

In einer großen, schweren Schmorpfanne das restliche Öl auf großer Stufe erhitzen. Die Poulardenstücke hineinlegen und unter häufigem Wenden 8-10 Minuten von allen Seiten goldgelb anbraten. Mit einer Küchenzange oder einer Schaumkelle auf einen Teller legen.

Von der Hühnerbrühe 2 EL abnehmen und in einen kleinen Topf füllen. Den Safran einrühren und etwas erwärmen. Beiseitestellen. Mit der verbliebenen Brühe und dem Sherry den Bratensatz des Huhns in der Schmorpfanne ablöschen. Bei großer Hitze zum Kochen bringen und dabei den Bratensatz vom Pfannenboden losrühren. Die Poulardenstücke wieder in die Pfanne legen, das Lorbeerblatt und den Thymian hinzufügen. Die Temperatur auf niedrige Stufe herunterstellen, die Pfanne mit einem Deckel verschließen und die Poulardenteile weitere 15 Minuten schmoren, bis beim Einstechen an der dicksten Stelle der Schenkel klarer Saft austritt.

Inzwischen den Safran mitsamt der Flüssigkeit und dem zerdrückten Eigelb unter die Mandelmasse mischen und alles fein zermahlen, so dass eine *picada* entsteht. Sobald das Huhn gar ist, die *picada* sorgfältig unterrühren und noch einige Minuten köcheln lassen, bis die Sauce etwas eindickt.

Mit Salz, Pfeffer und Muskat abschmecken und auf einer vorgewärmten Platte anrichten. Mit der Petersilie bestreuen und sofort servieren.

Auch Rind ist in Kastilien-León beliebt, je nach Gusto über dem offenen Feuer oder in der Pfanne gebraten oder gegrillt. Als Leckerbissen gilt die Cecina de León, geräuchertes und luftgetrocknetes Rindfleisch, in dünne Scheiben geschnitten serviert. Deftiger die vielen Spezialitäten vom Schwein, besonders das *cochinillo asado*, das Spanferkel. Als besondere Delikatesse freilich werden Schweinsfüße gehandelt. Ein Rezept für Wanderer aller Art.

||● Manos de cerdo a la castellana
||| Schweinsfüße auf kastilische Art

Für 4 Personen:

4 vordere Schweinsfüße, der Länge nach gespalten

1 Zwiebel, gespickt mit 1 Lorbeerblatt und 2 Gewürznelken

1 Knoblauchzehe

2 Möhren, in Stücke geschnitten

Salz und Pfeffer

1 EL Schmalz

1 Zwiebel, fein gehackt

2 Knoblauchzehen, fein gehackt

1 EL Mandeln, fein gehackt

1 EL Mehl

1/8 l Weißwein

1 Messerspitze scharfes Paprikapulver

2 Lorbeerblätter

Schweinsfüße gründlich waschen. In kaltem Wasser mit gespickter Zwiebel, Knoblauch und Möhren aufsetzen und zum Kochen bringen.

Mit Salz und Pfeffer würzen und zugedeckt etwa 2 Stunden köcheln lassen. Dann Schweinsfüße herausheben und in Portionsstücke zerteilen. Brühe abseihen und aufbewahren. Schmalz in einem Schmortopf erhitzen, Zwiebel und Knoblauch glasig dünsten, Mandeln untermischen, mit Mehl bestäuben, etwas Farbe annehmen lassen. Unter Rühren ½ l Brühe und den Wein angießen. Mit Salz, Pfeffer und Paprika würzen. Lorbeerblätter einlegen. 10 Minuten kochen, Schweinsfüße zugeben und weitere 10 Minuten ziehen lassen.

Je weiter der Camino Richtung Westen zieht, umso karger wird die Landschaft. Ab und zu ein Flusstal oder Reste eines Tafelberges, doch sonst nur Ebene. Acht, oft auch neun Tage dauert der Weg durch die Meseta, ehe León erreicht ist. Endlich wieder eine größere Stadt. Diesmal ist der Empfang herzlich, Burgos scheint weit weg. Verwinkelte Gassen voller Lokale und Läden, Eisdielen und Internetcafés: Willkommen zurück in der Welt. Studenten lärmen in den Straßen, in der Kathedrale Santa María de Regla lösen sich Brautpaare und Hochzeitsgäste im Stundentakt ab. Hier zu heiraten, wo das Licht durch die prächtigen Glasfenster bricht und in den gotischen Altarraum flutet, kann nur ein gutes Omen sein. Vor dem Portal warten Fotografen und Limousinen, Reiskörner fliegen durch die Luft, Applaus brandet auf, Kinder im Sonntagsstaat rasen über die Plaza und sind kaum zu bändigen. Pralles Leben nach den Tagen in der Einsamkeit.

Ein weiches Bett? Im Hospital von San Marcos, der früheren Komturei der Santiago-Ritter, ist ein Parador eingezogen, einer der schönsten des Landes: fünf Sterne, nicht nur für seine platareske Fassade, den Kreuzgang und das angeschlossene Museum. Vor dem Hotel Busse voller Japanerinnen, die sich mit ihren Kameras auf vorbeiziehende Pilger stürzen, Taxis warten auf Beute, Horden von Touristen folgen dem aufgespannten Regenschirm, es geht stadtwärts.

Etwas abseits des Treibens die Kirche San Isidoro mit seinem Panteón de los Reyes, einem Nationalheiligtum: die Sixtinische Kapelle der Romanik, wie sie heißt, die königliche Grabkapelle. Kein Zufall, dass viele gekrönte Häupter dafür sorgten, entlang dem Jakobsweg bestattet zu werden, in den Klöstern und Kirchen von San Juan de la Peña, Nájera oder im Panteón de los Reyes von León. Jakobus wacht über ihren Sarkophagen, so ruht man selig und ruhig.

Den früheren Pilgern war das Tor auf der Südseite von San Isidoro wichtiger als die königlichen Grabmäler unter den prächtigen Wandmalereien. Ein einfaches Portal galt als heimliches Zentrum von León. Im Tympanon über dem Eingang Szenen von der Auferstehung Christi. Ein Zeichen für jeden Pilger, ja mehr noch: ein Versprechen. Wer durch dieses Tor trat, dem waren seine Sünden vergeben, selbst wenn er das Jakobusgrab nie erreichen sollte. Puerta del Perdón nennt man das Portal, Vergebungs- oder Gnadenportal. Ein ähnliches findet sich nur noch in der Santiago-Kirche in Villafranca del Bierzo.

Mutlose, Kranke und Erschöpfte atmeten auf: Die göttliche Nachsicht war ihnen sicher. Nun konnten sie sterben, wenn es denn sein musste. Ihrer Himmelfahrt stand nichts mehr im Weg. Nach Santiago sind es noch 315 Kilometer.

Das Kreuz wächst nach oben
Steinmännchen, Regenrinnen und wandernde Kiesel: Rituale

Solvitur ambulando. Es löst sich durchs Gehen.
Lateinische Weisheit

Ein Steinhaufen türmt sich, darauf ein etwa drei Meter hoher Holzmast und ganz oben ein kleines eisernes Kreuz, das Cruz de Ferro. Der Pfeiler steht am Puerto de Foncebadón, auf 1504 Meter Höhe, mitten in den Montes de León, westlich von Astorga. Das Dach des Jakobswegs, nur der Somport ist höher. Wer hier einen Stein auf den Haufen wirft – und sei's nur ein Kiesel, den er von zu Hause mitgebracht hat –, ist seine Bürden los. Sagt man zumindest. Mit einem einzigen Wurf könne man sich aller Sorgen entledigen. Sie bleiben in der Einöde der Maragatería zurück, unter einem steinernen Hügelchen begraben. Respekt. »Solvitur ambulando.« Vieles löst sich durchs Gehen.

Pilgern kann lästig werden, anstrengend, ermüdend, quälend. Rituale durchbrechen die Monotonie des Alltags am Camino. Viele wurzeln im Aberglauben oder in heidnischen Kulten. Am Monte Irago, wie der Puerto de Foncebadón auch heißt, wurde den Göttern immer schon gehuldigt. Die Römer haben an dieser Stelle Merkur angerufen und um eine sichere Weiterreise gebetet. Vor ihnen, so vermutet man, war die Wegkreuzung ein keltischer Kultplatz. Und heute? Der Steinhaufen und der Holzpflock unter dem Cruz de Ferro stellen ein merkwürdiges Sammelsurium an Kuriositäten aus. Viele Menschen hinterlassen hier nur ihre Sorgensteine, andere auch alte T-Shirts, Fotos, ausgelatschte Turnschuhe, die Notfalltropfen des Dr. Ed-

ward Bach. Kleine Zettel mit Bitten kleben an der Säule: »Stoppt die Tierversuche, keine Stiere mehr in die Arenen.« – »Grüße an Franz, wir haben's geschafft. Wir sehen uns in Molinaseca.« – »Herr, lass mich heil in Santiago eintreffen.«
Es gelingt nicht allen. Am Friedhof von Navarrete erinnert eine Skulptur an eine verstorbene belgische Pilgerin, am Ortsende von El Acebo steht ein Denkmal für einen deutschen Fahrradpilger, an einem Baum zwischen Sarria und Portomarín hängt ein Schild – zum Andenken an einen Franzosen, umgekommen gut hundert Kilometer vor Santiago.

Jakobspilger – dereinst ein Titel, auf Todesanzeigen und Grabsteinen zur Schau gestellt. Nicht jeder erreichte das Ziel, nicht jeder kehrte wieder nach Hause zurück. »Der Weg des Pilgerns ist vorzüglich, aber schmal«, heißt es im *Codex Calixtinus*, »denn der Pfad, der den Menschen zum Leben führt, ist schmal, hingegen breit und geräumig die Straße zum Tod.« Dass der Weg nach Santiago auch die Begegnung mit der eigenen Endlichkeit in sich bergen konnte, war dem Pilger des Mittelalters bewusster als unsereinem. Und so galt es, vor der Abreise gründlich aufzuräumen, Haus und Hof für die Nachkommen zu bestellen, Frieden zu machen mit Familie, Nachbarn und Konkurrenten. Schulden wurden bezahlt, Testamente aufgesetzt, letzte Verfügungen getroffen. Nur wer sich solcherart ein leichtes Herz und ein reines Gewissen verschafft hatte, war frei für die lange Wanderung gen Westen, wo die Sonne untergeht.
Erstaunlich viele Pilger starben auf dem Heimweg aus Santiago, getröstet und erfüllt vom Segen des Jakobus. Andere kamen gar nicht erst in Santiago an: weil sie von Wegelagerern ausgeraubt und umgebracht wurden, weil Bären und Wölfe über sie herfielen, weil Krankheit und Erschöpfung stärker waren als

Wille und Zuversicht. Wo das Beten nicht geholfen hat, blieb die Hoffnung auf die Tröstungen des Jenseits. Nicht wenige, so erzählen die Chroniken, »blieben uff Sant Jakobs straß«. Mönche und Laienbruderschaften kümmerten sich um die namenlos gebliebenen Toten. Sie bestatteten sie entlang der Kirchenmauer und unter der Regenrinne oder aber auf einem der vielen Gottesäcker im Schatten der Klöster und Kathedralen. Gräber von Pilgern sind an vielen Orten zu finden, in Roncesvalles, neben der Santiago-Kirche von Villafranca del Bierzo oder am Friedhof von San Martín in Noia. Die Pilgermuschel hat man ihnen auf die letzte Reise mitgegeben, alles andere an Hab und Gut landete in den Händen von Gastwirten und Kirche. Amen. Das war's.

Sechs bis zehn Monate veranschlagte man im Mittelalter für eine Pilgerreise nach Santiago. Wer nicht binnen eines Jahres nach Hause zurückkehrte, galt als verstorben und wurde mit allen rechtlichen Konsequenzen für tot erklärt. Manch einer mag sich auf diese Weise aus dem Staub gemacht haben, um ein neues Leben zu beginnen. Wer doch noch den Weg zurück in seine Heimat fand, wurde von den Listen gestrichen. »Auferstanden«, so der kurze Kommentar in den Sterbebüchern der Pfarreien.

Besonnenheit und Demut, des Pilgers wichtigste Tugenden. Auch die Maragatería galt früher einmal als unwirtlich und gefährlich, Schnee, Kälte und Stürme schickten zahlreiche Wanderer himmelwärts. Wer sich Hügel und Pässe der Montes de León nicht zutraute, überwinterte in Astorga. Die Stadt verdiente an den Pilgern, man spürt es bis heute. Neben der monumentalen spätgotischen Kathedrale der Palacio Episcopal, von Antoni Gaudí entworfen, mit seinem Museo de los caminos und einer spannenden Sammlung von Skulpturen, Bildern und Devotionalien vom Jakobsweg. Am Rathaus von Astorga, auf der Plaza Mayor, ein bunt gekleidetes Paar oberhalb der Uhr, Mann und Frau in der Tracht der Maragatos: Sie schlagen den Bewohnern die Stunde. Auf dem Platz ein ordentliches Geschiebe, in den Cafés ein Gedränge um die Logenplätze. Tortillas werden serviert, groß wie Wagenräder, Suppen mit dicken Bohnen, Würste aller Art. Ab und zu auch ein *cocido maragato*, die Spezialität der Gegend. Eine kulinarische Zeremonie in drei Akten: Zuerst kommen Fleisch, Würste und Geflügel auf den Tisch, danach werden Kichererbsen, Weißkohl und Kartoffeln angerichtet. Vor dem letzten Vorhang die Suppe. Applaus, Schnaps, Kaffee, es geht weiter, mit *hojaldres*, Kuchen aus feinem Blätterteig, oder mit *mantecadas*, kleinen Butterküchlein.

Cocido maragato
Eintopf aus der Maragatería

Für 6 Personen:

300 g Blutwurst, wenn möglich vom Zicklein

½ Huhn

300 g getrockneter Schinken

1 Ohr, 1 Füßchen und ein Stück Maul vom Schwein, in Stücke geschnitten

250 g getrocknetes Rindfleisch

150 g Chorizo

150 g Speck

½ kg Kichererbsen

½ Weißkohl

½ kg Kartoffeln

2 Knoblauchzehen

100 g Suppennudeln

Olivenöl, Salz, Pfeffer

Fleischstücke und Wurstwaren in einen Topf mit reichlich kochendem Wasser einlegen. Nach etwa 15 Minuten den Schaum entfernen und die in ein feines Netz gewickelten Kichererbsen zugeben. Deckel aufsetzen und ca. 4 Stunden auf kleiner Flamme kochen.

Den in Stücke geschnittenen Weißkohl und die Kartoffeln in einem anderen Topf kochen und 7-8 Minuten vor Ende der Garzeit den getrockneten Schinken zugeben. Abtropfen lassen und 2 in dünne Scheiben geschnittene Knoblauchzehen anbraten. Sobald diese goldgelb sind, Pfanne von der Kochstelle nehmen, etwas Paprikapulver beimengen und über den Kohl und die Kartoffeln schütten.

Das getrocknete Rindfleischstück separat kochen, abtropfen lassen und 10 Minuten vor Ende der Garzeit dem Eintopf beigeben. Kichererbsen sowie Fleischstücke und Wurstwaren auf zwei getrennten Servierplatten anrichten. Suppennudeln in die Brühe geben, 10 Minuten kochen und danach ruhen lassen. Die Suppe sollte dickflüssig sein.

Mantecadas de Astorga
Kleine Butterküchlein aus Astorga

Für 24 Küchlein:

250 g weiche Butter

225 g Zucker

225 g Mehl

6 Eier

2 TL Backpulver

1 Teelöffelchen Zimt

Den Ofen auf 175°C vorheizen. Zwei beschichtete Muffinbleche mit je zwölf Mulden mit ca. 6 cm Durchmesser bereitstellen. Butter, Zucker und 20 g Mehl mit dem Rührgerät verrühren, bis die Mischung leicht und schaumig ist. Die Eier nacheinander unterrühren. Das restliche Mehl, das Backpulver und den Zimt vermengen, über die Mischung sieben und den Teig weiterschlagen, bis er glatt ist. Den Teig bis zur halben Höhe in die Förmchen füllen und ca. 15 Minuten backen, bis die Küchlein goldgelb sind und sich fest anfühlen. Das Gebäck aus der Form nehmen und mit Staubzucker bestreuen.

Eine kräftige Küche. Sie macht satt und zufrieden. Manchmal hilft auch das. Der Jakobsweg ist kein Sonntagsspaziergang, er birgt die Begegnung mit Ängsten und Obsessionen, mit Euphorie, aber auch Mutlosigkeit und Trübsinn, mit dem Erkennen der eigenen Grenzen. Äußere und innere Landstriche durchdringen sich, gerade auch in der Maragatería, dieser spröden Berglandschaft hinter den Ausläufern der Meseta. Einer der rätselhaftesten und faszinierendsten Abschnitte des Jakobswegs. Die Dörfer sind klein, viele Häuser verlassen, Gärten und Felder nicht bestellt. Die Landschaft ist ein riesiges Polster in Grün, Gelb und Blau, die Macchia blüht. Dazwischen die rote Erde der Äcker, kleinwüchsige Bäume, mühsam aufgeschichtete Steinmauern. Nach den Tagen in der Ebene haben die Augen wieder Auslauf, die Blicke ziehen über die Hügel und Hochebenen bis zu den mächtigen Gipfeln der Cordillera Cantábrica.
Über Jahrhunderte hinweg lag die Herkunft der Maragatos, wie die Bewohner der Maragatería heißen, im Dunkeln: Sie seien Fremdlinge aus einem fernen Land, hieß es. Waren sie Abkömmlinge eines Berberstammes oder ehemalige Sklaven der Mauren, waren sie Söhne des gefürchteten asturischen Königs

Mauregatos oder gar die letzten Keltiberer, vielleicht auch eine seltsame Mischung aus Mauren und Goten? Spekulationen blühten. Inzwischen meint man mehr zu wissen: Die Maragatos verdingten sich als Säumer und Kaufleute, als *mercatores*. So lässt sich auch ihr Name erklären. Ursprünglich hatten sie den Warentransport über die nahe gelegenen Pässe besorgt, später wurde ihr Radius größer. Die Männer waren als kräftige, zuverlässige Fuhrleute geschätzt, von weitem zu erkennen an ihren schwarzen Pluderhosen, den hohen Stiefeln und dem breitkrempigen Hut. Ihre Frauen trugen weiße Röcke und Blusen, dazu bestickte Mieder und rote Schürzen.

Die heruntergekommenen Dörfer lassen den früheren Wohlstand kaum mehr erahnen. Allein Castrillo de los Polvazares gilt als Vorzeigeort und ist fast schon zur Filmkulisse verkommen – und man hat hier auch schon öfter gedreht. Die Häuser wurden vor dem Verfall gerettet, die Straßen neu gepflastert. Breite Toreinfahrten und geräumige Innenhöfe erzählen von früher, als hier die Planwagen und Karren ein und aus fuhren. An den Hauswänden alte Wappen, vor den Türen Geranien und Lavendel, auf den Tischen der Lokale rot karierte Decken, in der Speisekarte Blutwurst und Schweinsfuß in Blätterteig, Hirschragout, Wildschwein mit Perlzwiebeln. Und immer wieder der *cocido*.

Castrillo de los Polvazares, El Ganso – einmal mehr die Gans –, Rabanal del Camino, Foncebadón, Cruz de Ferro. Dörfer mit sprechenden Namen. Der Weg steigt an. Seltsame Geschichten machen die Runde: Man müsse sich vor streunenden Hunden hüten, die in den Ruinen der Gehöfte hausen, hört man, man dürfe sich nicht wundern über die Kauze und Eremiten, auch nicht über die Herberge von Manjarín, kurz nach dem

Cruz de Ferro. Hier tut Tomás Dienst, im Mantel der Templer steht er vor einem Bretterverschlag und betet für die Welt. Um sich herum eine Gruppe von Pilgern, die Hände ineinander verschränkt. Mit geschlossenen Augen überlassen sie sich den Fürbitten. Tomás schließt sie alle ins Herz, seine Schäfchen, bei ihm sind sie sicher. Und ihre Sorgen, die sind ohnehin oben geblieben, am Monte Irago. So's funktioniert hat mit der Zeremonie am Kreuz.

Es ist nicht das einzige Ritual hier am Camino. Den ganzen Weg über haben Pilger Zeichen gesetzt. Schon am Ibañeta hat es begonnen, mit Holzkreuzen, aus herumliegenden Ästen selbst zusammengebunden und in den Boden gesteckt. Eine Erinnerung an jene, die hier ihr Leben gelassen haben, und zugleich Ausdruck der Freude, endlich in Spanien angekommen zu sein. Hinter Navarrete, nahe des Alto de San Antón, ist man auf Steinmännchen gestoßen, an Wegkreuzen und Kruzifixen auf Nachrichten aller Art, Zettel, Visitenkarten, vertrocknete Blumen. In vielen Kirchen und Kapellen liegen aufgeschlagene Bücher, darin Fürbitten, aber auch Sinnsprüche und Ratschläge. »Betet für meinen kranken Enkel. Ich pilgere für ihn nach Santiago.« – »*Que tu camino sea luz interior* – Möge deine Pilgerreise von innerem Licht erfüllt sein.« – »Zeig mir einen Weg, mich mit meinem Vater zu versöhnen.« – »Für alle Liebespaare dieser Welt: Die Liebe, die stärkste Kraft der Welt, möge aktiviert sein durch uns und in uns fließen und wirken.« Sätze wie Mantren. »*El camino es fe, sudor y esperanza* – Der Camino ist Glaube, Schweiß und Hoffnung.«

Erkenntnisse werden riesig und beredt, Sentenzen drehen weite Runden. Jeder geht für sich, doch alle sind gefangen im großen Ganzen, in der Gemeinschaft der Gleichgesinnten. Wer eine Spur hinterlässt, schreibt sich ein in die Geschichte des Ca-

Cruz de Ferro am Puerto de Foncebadón

mino. Und wenn's nur ein Steinmännchen ist, das der Ewigkeit für ein paar Momente trotzt. Stein ist Stein, er bleibt, auch wenn wir alle längst verschwunden sind, unter der Erde oder hinter dem nächsten Hügel.

In den Netzen des Satans
Pfefferspray und Trillerpfeife: Strategien gegen
das Böse

Wenn alles auf der Welt verboten zu sein scheint,
kommt das innere Leben, man wartet nur mehr drauf.
Man ruft seine Schatten zusammen,
die runterleiern und prophezeien.
Paul Nizon

Schauergeschichten gehen um. Von Langfingern wird erzählt,
von kleinen Kriminellen, die nichtsahnenden Wanderern auf-
lauern und ihnen Bargeld und Pässe abnehmen, von angekette-
ten und wenig später gestohlenen Fahrrädern, von Kleinigkei-
ten, die in Herbergen verschwinden: Wanderkarten, die Salbe
für die geschundenen Füße, der Kochlöffel. Frauen sollten besonders auf der Hut sein, heißt es weiter, Pfefferspray und Tril-
lerpfeife müssten zur Standardausrüstung wehrhafter Pilgerinnen gehören. Vor Übergriffen wird gewarnt, immer wieder. Die
Kriminalität am Camino nehme zu, ausgerechnet dort. Und je
weiter man gen Westen käme, umso schlimmer werde es. Angeblich sind schon Beamte der Guardia Civil unterwegs, als
Pilger getarnt, um verdeckt zu ermitteln. Oder ist dies nur eine
Schnurre aus dem Reich der vielen abenteuerlichen Anekdo-
ten? Wie auch immer. Man müsse jedenfalls ständig auf der
Hut sein, weiß der Pilger von heute, und vor allem: Das sei
vor fünf oder zehn Jahren noch *ganz* anders gewesen.

Doch wirklich neu ist das alles nicht. Schon im Mittelalter kla-
gen Jakobspilger wie Ordensleute über Unsitten und Verbrechen auf dem Weg gen Westen.

Je mehr Menschen ihre spirituellen Sehnsüchte auf der Straße mit sich herumtragen, umso größer wird die Enttäuschung über die Schlechtigkeit der Welt. Auch der *Codex Calixtinus* zwingt des Pilgers Nöte in breite Reden. Man hüte sich vor betrügerischen Geldwechslern und falschen Beichtvätern, warnt er, vor hinterlistigen Gewürzkrämern, geldgierigen Kurpfuschern und betrügerischen Gastgebern. »Der schlechte Wirt gibt seinen Gästen besten Wein, um sie betrunken zu machen und um dann während des Schlafes von ihnen Geldbeutel, Tasche oder anderes zu stehlen. Der schlechte Wirt reicht ihnen todbringende Getränke, um sich ihrer Habe zu bemächtigen. [...] Ebenso treffe der Bann die Wirtsmägde, die sich aus Hurerei und Geldgier auf teuflisches Geheiß nachts den Pilgerbetten zu nähern pflegen. [...] Geliebte Brüder! Auf welche Art der Teufel seine unrechten Netze auswirft und den Jakobspilgern die Höhle des Verderbens öffnet, vermag ich nicht zu beschreiben.«

Glücklich jene, die sich vor Plagen aller Art in Sicherheit zu bringen wussten und bei Priestern, Mönchen oder Rittern verschiedenster Orden unterschlüpfen konnten. Entlang dem Weg sorgten sie für Wohl und Wohlergehen der Pilger: Johanniter oder Hospitaliter, aber auch die Ritter der spanischen Orden, Santiago, Alcántara oder Calatrava. Am bekanntesten freilich die Templer.

Um 1120 in Jerusalem gegründet, sahen die Tempelritter ihre Aufgabe in der Bewachung der Straßen durch das Heilige Land, um möglichst vielen Pilgern und Reisenden die Reise nach Jerusalem zu erleichtern. Auf der Iberischen Halbinsel werden sie um 1130 aktiv. Sie beteiligen sich an der Reconquista, verteidigen die Burgen entlang den Grenzen und sorgen, wie schon im Heiligen Land, für den Schutz der Pilger. Zusammen mit

Castillo de los Templarios in Ponferrada

den Johannitern betreiben sie Hospitäler und Herbergen und stellen sich in den Dienst des Kampfes und der Caritas. Entlang dem Weg untersteht ihnen eine Reihe von Städten, Dörfern und Klöstern: Terradillos de los Templarios (wo die Pilgerherberge auch heute noch nach dem letzten Großmeister, Jacques de Molay, benannt ist), Rabanal del Camino, Ponferrada oder Portomarín.

Das Castillo de los Templarios in Ponferrada wird zur architektonischen Visitenkarte: Um 1178 auf den Überresten eines römischen Kastells errichtet, spiegeln allein schon die Ausmaße der Burg – 162 mal 91 Meter – den Machthunger und Anspruch des Ordens. Der Bau mit einer Fläche von gut 8000 m² erinnert mehr an eine wehrhafte Festung denn an eine Unterkunft für Pilger. Man wusste sich zu präsentieren. Die Templer galten als findige Händler und Finanziers, wovon die ganze Stadt profitierte. Im 13. und 14. Jahrhundert zogen zahlreiche Kaufleute und Handwerker nach Ponferrada, Pilger machten längere Rast, um sich für den letzten großen Anstieg über den Cebreiro zu rüsten.

Die Templer gewinnen in jenen Tagen immer mehr Einfluss. Schenkungen verhelfen ihnen zu weitläufigen Besitztümern, zu Geld und Autorität. Anfang des 14. Jahrhunderts – die wichtigste Phase der Reconquista scheint abgeschlossen – dominieren sie den Finanzmarkt und verfügen über ein großes und schlagkräftiges Heer, dem Ritter aus ganz Europa angehören. Doch allmählich beginnt ihr Stern zu sinken. Da man den Orden von den Steuern befreit hat, entgehen den Herrschern wichtige Einnahmen. Das erregt besonders bei der französischen Krone Missmut. Ein Komplott wird geschmiedet, angezettelt vom französischen König Philip IV., der selbst in pekuniären Nöten steckt und bei den Templern verschuldet ist. Er gewinnt

Papst Clemens V. für sein Vorhaben und lässt am Freitag, den 13. Oktober 1307, in einem konzertierten Schlag alle Templer verhaften und ihr gesamtes Vermögen einziehen. Der Freitag, der 13. gilt seither als Unglückstag. Die Liste der Vergehen, derer man die Tempelritter bezichtigt, ist lang: Ketzerei, Sodomie, Götzen- und Teufelsanbetung sind nur einige der Anklagepunkte. Im März 1312 wird der Orden mit dem Segen des Papstes endgültig aufgelöst, kurz darauf Jacques de Molay auf dem Scheiterhaufen verbrannt.

In Spanien scheinen die Prozesse fairer abgelaufen zu sein als in Frankreich. Etliche Beschuldigte kommen frei, die Templer sind dennoch verloren. Ihre Besitztümer werden zwischen Adel, Johannitern und spanischen Ordensrittern aufgeteilt.

Kein Pilger von heute ist deswegen verloren. Mönche, Pfarrer und Herbergswirte gehören zu den guten Geistern des Jakobswegs, weniger selbstverständlich als früher, aber doch. Auch die Amigos del Camino haben viele Agenden übernommen. Jahr für Jahr im März sieht man sie über den Camino wandern, mit kleinen Farbtöpfen und Pinseln. Sie sorgen für die Markierung der Wege, kümmern sich um praktische Informationen für die Wandernden und verkehrstechnische Hinweise für den Kulturtouristen. Den Amigos mit ihren Niederlassungen in den größeren Städten ist es zu verdanken, dass der Jakobsweg kein rein spanisches Phänomen geblieben ist. Man hat sich mit den internationalen Jakobusbruderschaften zusammengeschlossen, Tagungen organisiert und eine Zeitschrift ins Leben gerufen, den *Peregrino*. Die Gemeinde der Amigos wächst.

Sie alle folgen dem Vorbild des Elias Valiña Sampedro, einem der Väter des Jakobswegs. Als Pfarrer in Cebreiro arbeitete er schon in den sechziger Jahren an der Wiederbelebung des *ca-*

mino francés. Ihm ist einer der ersten neuen Pilgerführer zu verdanken, der *Guia del Peregrino,* vor allem auch die *flecha amarilla,* der gelbe Pfeil, der die Pilger von den Pyrenäen bis nach Santiago begleitet. In einem alten Citroën kurvte Valiña Sampedro quer durchs Land, um eigenhändig Pfeile an Wänden, Felsen und Baumstämmen anzubringen. Kein Weg war ihm zu mühsam, erzählt man sich bis heute, sogar die hohen Pyrenäenpässe habe er erklommen, um den Camino zu markieren. Eines Tages wurde er von der Guardia Civil gestellt: Was er hier oben, mitten in den Pyrenäen, wo die ETA ihre Schlupfwinkel hat, eigentlich suche, herrschte man ihn an. *»Estoy preparando una gran invasión«,* antwortete er forsch, er bereite eine große Invasion vor. Hat Elias geahnt, wie recht er behalten würde?

Inzwischen hilft man sich auch selbst. Pilgerforen in aller Welt sind zu Informationsbörsen geworden. Man tauscht sich aus, über Blasenpflaster, Herbergen, und Routen, über das Pilgern mit Hunden und Kleinkindern, über sportliche und spirituelle Erfahrungen aller Art. Ein Netz im Netz.

Internetadressen gehören ins Gepäck jeden Pilgers. Doch kaum jemand, der sich unterwegs nicht auch auf seine Mitwanderer verlässt, der nicht Kontakte sucht, um sich mitzuteilen, seine Erfahrungen nach außen zu tragen. Pilgern verbindet und lockert die Zunge. Gespräche bleiben kaum je an der Oberfläche, Gemeinschaften entstehen. Ein unsichtbares Band schließt alle Wanderer zusammen: Jakobspilger, das Zauberwort. Es öffnet Türen.

Dass die Amigos del Camino das rote Kreuz der Santiagoritter als Wappen führen und sich so auch auf ihrer Homepage präsentieren, ist kein Zufall. Die Tradition des Ritterordens, symbolisiert im roten Flammenschwert, lebt auch andernorts weiter: auf T-Shirts und an den Türen der Pilgerherbergen und Pensionen, in den Auslagen von Bäckern und Konditoren. Dort thronen die *tartas de Santiago*, köstliche Mandeltorten. Schablonen in Form des roten Schwertes machen es möglich: Die Erinnerung an den Santiago-Orden lebt im Staubzucker weiter, zumindest das.

Tarta de Santiago
Santiago-Torte

Für den Teig:

200 g Mehl

75 g Zucker

100 g Butter

1 Ei

Für die Füllung:

4 Eier

250 g Zucker

Schale von 1 unbehandelten Zitrone

250 g gemahlene Mandeln

1 Messerspitze Zimt

Aus Mehl, Zucker, Butter und Ei einen Mürbeteig kneten (evtl. ein klein wenig Milch zugeben). Den Teig zur Kugel formen, in Frischhaltefolie wickeln und ca. 30 Minuten im Kühlschrank ruhen lassen.

Für die Füllung die Eier und den Zucker schaumig schlagen. Dann die Zitronenschale, die gemahlenen Mandeln und den Zimt einrühren.

Den Teig auf einer bemehlten Arbeitsplatte ausrollen. Eine gefettete Springform mit dem Teig auslegen, mehrmals mit einer Gabel einstechen und die Füllung darauf verteilen. Im vorgeheizten Backofen bei 180°C etwa 30 Minuten goldbraun backen.

Die Mandeltorte in der Form auskühlen lassen. Auf eine Kuchenplatte geben und vor dem Anschneiden mit Puderzucker bestäuben. Wer eine Schablone des Jakobskreuzes besitzt, wird diese vor dem Bestäuben entsprechend platzieren.

Weniger vergänglich ist das architektonische Vermächtnis der Templer am Camino, zu entdecken an vielen Orten. Die imposante Burg von Ponferrada scheint die Stadt zu verschlucken, die Kirche San Nicolás in Portomarín gebärdet sich als Trutzburg gegen das Böse. Fremder und verschlossener die Sprache der Kirchen Santo Sepulcro in Torres del Río oder Santa María de Eunate nahe Puente la Reina. Licht und Schatten, Ruhe und Bewegung, Aufbruch und Ankunft: Beide Orte umfangen das Innerste des Camino, fast so, als würden hier alle Linien des Weges zusammenlaufen. Gut ein Drittel der Pilger kehrt immer wieder auf den Jakobsweg zurück. Es wird auch an Plätzen wie diesen liegen: Sie öffnen und verweigern sich. Man kommt an kein Ende.

Santo Sepulcro sei eine Totenkapelle, meinen viele, doch beschwören kann es niemand. Wer hier eintritt, lässt die Welt draußen. Dicke Mauern umschließen ein Oktogon, die Augen gewöhnen sich nur langsam ans Dunkel. Die Blicke ziehen die schlichten Mauern entlang nach oben, auf der Suche nach Licht. Es wird heller. Sonnenstrahlen dringen durch die schmalen Fenster, eine maurische Kuppel tut sich auf. Ihre Rippen überkreuzen und trennen sich wieder. Sie führen zu einem achteckigen Gestirn und umfassen schließlich das Herz des Gewölbes: ein kleines Stück Himmel, in einem Stern geborgen.

Noch magischer die Kirche von Santa María de Eunate kurz vor Puente la Reina. Schon aus der Ferne ist sie zu sehen: ein oktogonaler Bau, umgeben von einem Säulengang mit verwitterten Kapitellen, umschlossen von einer Mauer. Über dem steinernen Dach ein Turm, die Glocke ist weithin zu hören. Doch Eunate ist eine romanische Kostbarkeit – und noch viel mehr: Wer hier vorbeiwandert, zwischen Getreidefeldern, Äckern und Wiesen, den berührt nicht nur die kleine Kirche. Der Landstrich scheint auch noch auf andere Weise zu sprechen, in einer Sprache aus einer fremden Welt. Die wunden Füße sind nicht mehr zu spüren, der gebeugte Rücken strafft sich, der Rucksack scheint weniger schwer. Das Herz wird leicht und der Kopf frei. Noch Tage später wirkt das Erlebnis dieser wundersamen Veränderung bei den Pilgern nach. Erklären kann es sich niemand, aber erfahren haben es fast alle: Hier fühlt man sich gestärkt wie kaum je anderswo am Camino.

Santa María de Eunate ist ein Findling. Generationen von Kunsthistorikern und Geophysikern haben sich hier herumgetrieben und Untersuchungen angestellt, Vermessungen, Vermutungen. Das Ziel ihrer Forschung ist unerreicht geblieben. Ein paar Fragmente hinterlassen ein unvollständiges Bild. Die achteckige Form der Kirche verweist auf den Felsendom, der Kreuzgang mit seiner Rotunde auf die Grabeskirche in Jerusalem. Auch die Kuppel mit ihren wuchtigen, sich im Zenit kreuzenden Gurtbögen wurzelt in den Sakralbauten arabischer Länder. Die Kirche Vera Cruz in Segovia und auch Santo Sepulcro in Torres del Río zeigen Ähnlichkeiten im Stil, doch sonst? Santa María de Eunate ist zwischen 1280 und 1320 entstanden, das zumindest scheint sicher. Doch welche Baumeister sich hier verwirklicht, welche Künstler ihre Handschrift hinterlassen haben, bleibt im Dunkel.

Auftraggeber dürften die Templer gewesen sein: einmal mehr die Acht, das Oktogon, Zeichen des ewigen Lebens, der Unendlichkeit, der Wiedergeburt. Dazu das seltsame Getier auf den Kapitellen, die schaurigen Köpfe und Fratzen. In ihnen könnte der Baphomet stecken, jene Götzenfigur, deretwegen man die Templer der Häresie angeklagt hat. Und auch die Tau-Kreuze sind mehr keltisches denn christliches Erbe. Haben sich die Templer in Eunate zu geheimen Initiationsriten zusammengefunden, zu schwarzen Messen? Die Figuren im Stein wissen um viele Schatten.

Vielleicht ist aber auch alles ganz anders, vielleicht wurde die Kirche ganz einfach als Totenkapelle genutzt und das Land rundum als Friedhof, weit weg von den Dörfern, den Orten der Lebenden. Grabungen haben Skelette früherer Pilger ans Licht gebracht, zu erkennen an den Jakobsmuscheln, die man ihnen mit ins Grab gelegt hatte.

Santa María de Eunate bewahrt ihr Geheimnis. Auch das scheint Wesen des Camino: Die Frage bleibt wichtiger als die Antwort – fast so, als würde die Hand einen Stein halten und schweigen, wie es in einer der *Betrachtungen* von Franz Kafka heißt. »Sie hält ihn aber fest, nur um ihn desto weiter zu verwerfen. Aber auch in jene Weite führt der Weg.«

Ende des Weges, Anfang der Reise
Santiago!

> *Die Himmel selbst drehen sich ständig, die Sonne geht*
> *auf und unter, der Mond nimmt zu, Sterne und*
> *Planeten sind in ständiger Bewegung, die Luft wird noch immer*
> *von den Winden geschüttelt, das Wasser steigt und fällt,*
> *zweifellos zu seiner Erhaltung, um uns zu lehren,*
> *dass wir immer in Bewegung sein sollen.*
> Robert Burton, *Anatomie der Melancholie*

Staunen auf der Plaza del Obradoiro. Das ist es nun also, das
Ziel aller Anstrengungen: die Kathedrale von Santiago, Kilometer null des Jakobswegs. Ein barocker Gottestempel wächst
in den Himmel, imposant, unnahbar, selbstbewusst. Ganz oben,
in einer der Portale, die steinerne Figur des Santiago. Jakobus
peregrinus, der Pilger, klein und verletzlich, der Sonne ausge-
setzt, dem Wind und dem Regen. Moos kriecht über seinen
Mantel, Flechten ziehen übers Gesicht und trüben den Blick.
Das ist einer von uns.
Ausgetretene Stufen führen ins Innere der Kathedrale. Am Pórtico de la Gloria, dem berühmten romanischen Portal, steht
das Empfangskomitee bereit: Christus, gefolgt von Jakobus,
den Evangelisten und Aposteln, von Engeln und himmlischen
Heerscharen, von den vierundzwanzig Weisen mit ihren Liedern und Melodien. Die Wurzel Jesse windet sich nach oben,
dem Jakobus und schließlich Gott zu. An ihr kommt niemand
vorbei. Jeder Pilger, so will es ein altes Ritual, legt seine Hand
auf dieselbe Vertiefung im Stein. Er ist blank geworden, abge-
wetzt, ja mehr noch: Eine Klaue hat sich in den Marmor gegraben. Millionen von Menschen haben hier ein Zeichen hinter-

lassen. Sie haben sich verewigt – und den Stein zum Sprechen gebracht. Er erzählt die Geschichte eines Weges, der die Sterne entlangzieht, von den Pyrenäen bis nach Santiago und ans Ende der Welt.

Galicien ist groß, viel größer, als manchen lieb ist. Gut hundertfünfzig Kilometer sind es vom Cebreiro, der Grenze zu Kastilien-León, bis nach Santiago. Die Ungeduld wächst, die Unrast macht Beine. Die Wegmarken am Camiño, wie er hier heißt, folgen immer schneller aufeinander, man beginnt zu zählen. Der Blick für Dörfer und Landschaften scheint getrübt. Der Gedanke an das Ende der Pilgerreise hält das innere Auge gefangen. Wer sich auf die Gegend einlässt, versinkt im Grün. Die nordwestlichste Ecke der Iberischen Halbinsel ist immer noch eine der ärmsten Regionen Europas. Etwas Landwirtschaft und Fischerei, wenig Industrie, viel Pilgertourismus. Das Land wirkt kühl, alle Töne von Grün, durchzogen vom Grau der Berge und Dörfer. Neben den Gehöften ein paar Äcker mit Kartoffeln und Mais, in den Gärten Zwiebeln, Bohnen, Rüben, viel Kohl. Die Zutaten für den *caldo gallego*, einen kräftigen Eintopf, Bauernküche. Zwischen den Feldern alte, verwachsene Obstbäume, Zwetschgen, Birnen, Nüsse. Jakobus gilt als Patron der Garten- und Feldfrüchte. Am 25. Juli bringt man ihm die ersten Äpfel, um sie segnen zu lassen.

Caldo gallego
Galicische Suppe

Für 4 Personen:

250 g getrocknete weiße Bohnen

1 Schinkenknochen

Salz, Pfeffer und edelsüßes Paprikapulver

500 g Kartoffeln, geschält und in Würfel geschnitten

500 g Steckrübenblätter, ersatzweise Grünkohl oder Wirsing,
geputzt und grob gehackt

2 Chorizo-Würste, in Stücke geschnitten

Die Bohnen über Nacht in reichlich kaltem Wasser einweichen. Am
nächsten Tag Bohnen und Schinkenknochen in 2 l Wasser zum Kochen
bringen, mit Salz, Pfeffer und Paprikapulver würzen und ca. 1 Stunde
köcheln lassen. Dann den Knochen entfernen, die Kartoffeln, das Gemüse und die Wurst zufügen und alles weitere 30 Minuten garen.
Die Suppe in Steingutschalen servieren.

Filloas
Crêpes, gefüllt mit Äpfeln

Für 4-6 Personen:
Für die Crêpes:

3 Eier

250 ml Milch

180 ml Wasser

250 g Mehl

1 Prise Salz

2 EL Butter, zerlassen; zusätzlich Butter zum Backen der Crêpes

Für die Füllung:

3 EL Butter

500 feste, leicht säuerliche Äpfel, geschält, halbiert,
das Kerngehäuse entfernt und längs in 1 cm dicke Scheiben
geschnitten

3 EL Zucker

½ TL Zimt

Für den Crêpes-Teig in einer Schüssel Mehl, Eier, Milch, Wasser, Salz und 2 EL zerlassene Butter verrühren. 30 Minuten ruhen lassen.

Inzwischen die Füllung zubereiten. Dazu in einer Pfanne die Butter bei mäßiger Hitze zerlassen. Die Äpfel darin 8-10 Minuten sautieren, bis sie weich sind. Mit dem Zucker bestreuen und die Äpfel weitere 8-10 Minuten sautieren, bis sie karamellisieren. Mit dem Zimt bestreuen und warm stellen.

Eine 18-20 cm große Crêpes-Pfanne leicht mit zerlassener Butter auspinseln und auf mittlerer Stufe heiß werden lassen. Etwa 3 EL Teig hineingeben und durch Hin- und Herneigen der Pfanne verteilen. 2-3 Minuten backen, dann die Crêpe wenden und 1 weitere Minute backen. Der Teig soll nicht braun werden. Die fertige Crêpe auf ein Küchentuch legen und zum Warmhalten mit Alufolie bedecken. Etwa 12 weitere Crêpes backen.

In die Mitte jeder Crêpe ein paar EL der Apfelfüllung geben und die Pfannkuchen zu Vierteln zusammenfalten. Auf Tellern anrichten und nach Wunsch auch noch mit Schlagsahne, die man mit Calvados aromatisiert hat, servieren.

Das täglich Brot ist hart. Weit über zwei Millionen Menschen, so schätzt man, sind in den vergangenen zweihundert Jahren ausgewandert, die meisten davon nach Argentinien und Brasilien. Alle in der Hoffnung auf gebratene Tauben, die in den Mund fliegen, auf fette Ernten und volle Tafeln. Auch die Rezepte aus Galicien gelangten bis nach Südamerika. *Empanadas*, die bekannten galicischen Teigpasteten, mit Herzmuscheln, Sardinen oder Paprikaschoten gefüllt, stehen hier wie dort auf den Speisezetteln. Und selbst zu kunsthistorischen Ehren haben sie es gebracht. Im rechten Seitenportal des Pórtico de la Gloria der Kathedrale von Santiago ist eine Figur zu entdecken, die eine *empanada* verspeist: ein Monument für Genießer.

Empanada de sardinas
Teigpastete mit Sardinenfüllung

Für 4 Personen:
Für den Teig:
500 g Mehl
1 EL Weißwein
1 TL Olivenöl
1 EL Butterschmalz
Salz
1 Prise Zucker
Eigelb zum Bestreichen

Für die Füllung:
6 große Zwiebeln, fein gehackt
5 EL Olivenöl
2 grüne Paprikaschoten, fein gehackt
4 Fleischtomaten, enthäutet und in kleine Würfel geschnitten
Salz und Pfeffer
1 kg kleine Sardinen, küchenfertig vorbereitet

Das Mehl in eine weite Schüssel sieben, in die Mitte eine Mulde drücken. Weißwein, Olivenöl, Butterschmalz, Salz, Zucker und einige EL lauwarmes Wasser hineingeben und alles zu einem geschmeidigen Teig verkneten. Den Teig im Kühlschrank etwas ruhen lassen.

In einer großen Pfanne die Zwiebeln im Olivenöl glasig dünsten. Paprikaschoten und Tomatenwürfel zufügen, mit Salz und Pfeffer würzen und 10 Minuten köcheln lassen.

Den Teig in zwei Teile teilen. Einen Teil auf der bemehlten Arbeitsfläche ausrollen und eine gefettete Form damit auslegen. Teig am oberen Rand etwas überstehen lassen. Füllung hineingeben, zuerst die Sardinen, dann die Gemüsesauce. Restlichen Teig ausrollen und über die Füllung legen. Den überstehenden Rand mit dem Teigdeckel zusammenrollen. Mit Eigelb bestreichen und im vorgeheizten Backofen bei 180° C ca. 30 Minuten goldbraun backen.

Endlose Felder und Baumreihen, eine fast schon tropische Botanik, Callas, Amaryllis, Orchideen. Die Winter sind mild und feucht, die Sommer kühl. Es gibt Wochen, da regnet es fast täglich. *La lluvia es arte*, so ein Sprichwort, der Regen ist Kunst. Ohne Schirm geht man selten aus dem Haus. Trotzdem brennen immer wieder die Wälder. Allein im Sommer 2006 gerieten fast 90 000 Hektar Land in Brand. Das Öl der Eukalyptusbäume wird zum Zunder. Brandstiftung ist häufig – auch eine Art, Konflikte auszutragen, zwischen verfeindeten Familien, unzufriedenen Geschäftspartnern und politischen Gegnern. In Galicien scheint manches ganz anders als im übrigen Spanien. Triacastela, Samos, Sarria, Portomarín. Die Konturen der Tage verschwimmen. Santiago rückt näher, Unruhe und Anspannung machen müde und dünnhäutig. Palas del Rey, Melide, Arzúa und Lavacolla. Wehmut. Wird man den Rhythmus der

Tage vermissen? Aufstehen, packen, frühstücken, aufbrechen, gehen, ankommen, duschen, waschen, essen, schlafen. Feste Strukturen und doch auch weite Räume, sich seinen Gedanken zu überlassen, intensiver und anders als sonst.

Kurz vor Santiago der Monte del Gozo, der Freudenberg: der erste Blick auf die Stadt, auf ein Geflecht von Mauern, Dächern und Masten. Und ganz hinten zwei Türme, die Kathedrale. Ein paar Kilometer noch, dann krallen sich die Augen an einem Schild fest. Santiago, schwarze Lettern auf weißem Grund, rot umrandet. Herzklopfen. Und das soll es nun sein, das viel gerühmte Santiago, das spirituelle Herz Spaniens? In die Vorfreude mischt sich Sorge: Und wenn nun Santiago nichts anderes ist als eine ganz normale Provinzstadt im Westen Galiciens? Erwartungen sind gewuchert, von Woche zu Woche mehr. Alles nur Projektionen, Schattengewächse, Ausblühungen der Einbildungskraft?

Die Schritte werden langsamer, finden wie von selbst zu ihrem Ziel. Puerta del Camino, Plaza de Cervantes, Acibechería und schließlich die Plaza del Obradoiro. Der Platz vor der Kathedrale präsentiert sich als barockes Spektakel, großes Theater. Vier Paläste umschließen die *plaza* und schaffen die Bühne für den Auftritt der Kathedrale. »El Obradoiro« wurde die Fassade genannt, das goldene Werk. Doch die Kaskaden von Pfeilern, Säulen und Obelisken, von Figuren, Pilastern und Türmen, legen falsche Fährten. Hinter der barocken Fassade, diesem ornamental überwucherten Irrgarten aus Granit, die erste Überraschung: der Pórtico de la Gloria des Maestro Mateo, 1188 vollendet. Er führt zurück ins Mittelalter, in die Jahrhunderte der Entstehung von Kathedrale und Camino.

Die Sterne sollen es gewesen sein und dazu dieses seltsame Licht. Der Eremit Pelagius war nicht allein, als ihn eigenartige Zeichen und Vorahnungen zu jenem Ort führten, an dem er und Bischof Theodemir von Iria Flavia die Gebeine des Jakobus entdeckten. Der Himmel war bei ihnen, Campus stellae, Sternenfeld: welch passender Name für einen Platz wie diesen. Dass sich Compostela auch von *compostum* oder *compostela* ableiten ließe, den Worten für Friedhof, daran mag zu jener Zeit niemand denken, so naheliegend die Erklärung auch sein mag. Ob an jenem Ort, wo man den phantastischen Fund aufgespürt hat, nicht einfach ein antikes Gräberfeld gelegen hat? Vielleicht gehörten die angeblich heiligen Gebeine einem vermögenden, aber ansonsten unauffälligen Menschen, der sich in einem marmornen Sarkophag bestatten hatte lassen? Die Apostelkataloge nennen Palästina oder Marmarica zwischen Nildelta und Großer Syrte als Heimat der Grabstätte des Jakobus. Eine Fehlübersetzung aus dem Griechischen hat weitreichende Folgen: Marmarica verwandelte sich zu »in arca marmorica«, das Grabmal aus Marmor. Und das hatte man hier, in der Gegend von Santiago, ja ganz offensichtlich gefunden. Bedenken werden vom Tisch gewischt.

Auch König Alfonso II., der Keusche genannt, Herrscher über ein kleines christliches Reich im Norden und Nordwesten der Iberischen Halbinsel, wird die frohe Kunde von der Entdeckung des Jakobusgrabes schnellstens zugetragen. Er habe sich sofort auf den Weg gemacht, berichtet eine Urkunde aus jenen Tagen, um mit seinem Hofstaat zum Fundort zu pilgern und dort ein Gelübde abzulegen. »Wir verehrten Santiago unter Tränen und Gebeten als Patron und Herrn von Spanien, und freiwillig erwiesen wir ihm die vorher genannte Ehre und gaben Befehl, eine Kirche zu seinen Ehren zu bauen.«

Kathedrale von Santiago de Compostela

So geschehen in den Jahren um 820, wie man heute vermutet. Das Grab fand Platz in einer bescheidenen Kapelle, »aus Stein und Lehm und von geringen Ausmaßen«, wie Chronisten berichten, die noch im selben Jahrhundert erweitert wurde. Auf diese Kirche trafen die Truppen des Abi Amîr al-Mansûr, die, von Córdoba kommend, den Norden Spaniens eroberten. Santiago, damals eine kleine Stadt, wurde zerstört, allein das Grab des Apostels blieb verschont: eine Geste der Toleranz. Gut siebzig Jahre nach dem Abzug der maurischen Truppen, anno 1075, wurde ein neues Gotteshaus in Auftrag gegeben. Der Bau der romanischen Kathedrale, wie wir sie heute kennen, begann. Fast hundert Jahre später entstand der Pórtico de la Gloria, das frühere Hauptportal, das Tor der Herrlichkeit. Erst 1750 verschwand es hinter der barocken Fassade des Fernando de Casas y Novoa.

Wann ist man wirklich angekommen? Sobald man seine Hand auf die Wurzel Jesse gelegt und sich in das steinerne Pilgerbuch von Santiago eingeschrieben hat? Oder doch erst im Zentrum der Kathedrale, wo Jakobus ruhen soll. Hinter der *capilla mayor* zweigt ein schmaler Gang ab, der *camarín del abrazo al apóstol*. Wer die Stufen hinaufsteigt und der engen Passage folgt, landet direkt hinter der goldenen Büste des Apostels, die am Hauptaltar thront: viel Gold, viele Edelsteine, viel Pomp. Kaum ein Pilger, der seinen Kopf nicht kurz an die Schulter des Heiligen legt und ihn umarmt, um dann in die Krypta abzusteigen und dort vor der goldenen Truhe mit den Gebeinen in die Knie zu gehen.

Die Pilgermesse versammelt die Neuankömmlinge, der Botafumeiro schwingt weit aus, der berühmte Weihrauchkessel: anderthalb Meter hoch, 46 Kilogramm schwer und an einem dicken Seil an der Decke befestigt. Acht Männer holen aus, um ihn im Querschiff der Kathedrale in Bewegung zu setzen. Weihrauch zieht träge durch den Raum. Ein letztes Gebet, der Segen. Nun noch der Besuch der Oficina de Acogida de Peregrinos in der Rúa do Vilar, um sich die Pilgerurkunde abzuholen, die *compostela*. Das war's also. Ein Reiseveranstalter im Erdgeschoss des Pilgerbüros bietet verbilligte Flug- und Bustickets für die Heimreise an, lange Schlangen vor dem Schalter.

Viele mögen sich von Santiago nicht trennen. Sie fressen sich durch die Speisekarten der Lokale in der Rúa do Franco, landen bei sternenbekrönten Köchen wie Toñi Vicente oder Marcelo Tejedor, sie sitzen auf der Terrasse des luxuriösen Parador Hostal de los Reyes Católicos oder in einem der Cafés auf der Plaza de la Quintana, blinzeln in die Sonne und beobachten das Treiben rund um die Kathedrale. Um dann im Gewirr der Gassen zu verschwinden und im Centro Gallego de Arte Contemporánea, das Álvaro Siza gebaut hat, wieder aufzutauchen – oder im Museo de las Peregrinaciones mit seiner bemerkenswerten Sammlung zur Geschichte der Pilgerfahrten.
Die Euphorie über die Ankunft kehrt sich in Ratlosigkeit, auch Melancholie. Viele haben ihr Ziel verloren. Nun stapfen sie unentschlossen durch die Straßen, sehen, wie sich ihre braungebrannten und bärtigen Gesichter in den Auslagen der Geschäfte spiegeln, und erkennen sich kaum wieder. Der Boden unter den Füßen scheint plötzlich brüchig. Der Gedanke ans Heimkommen, in den früheren Alltag, fällt schwer. Und wenn man nun doch noch weiterginge, ein kleines Stück zumindest, ein paar Tage nur?
Der Weg endet nicht in Santiago, so ein altes Sprichwort, er geht dort erst los. Und wohin? Überallhin, bis ans Ende der Welt.

Gott ist gut, aber der Teufel ist auch nicht schlecht
Expedition zu den Abgründen: Von Santiago ans Ende der Welt

Das Ende ist nicht von Beginn an sichtbar.
Herodot

Das also ist es, das Ende der Welt: Ein felsiges Kap reckt sich hinaus ins Meer, darauf ein Leuchtturm, ein Haus, ein eisernes Kreuz. Wellen branden gegen den Granit und brechen in weißer Gischt. Nichts zu hören als Wasser und Möwen, ihr Schreien, der Flügelschlag. Das Ende der Welt, 42° nördliche Breite, 9° westliche Länge, *finis terrae* – Finisterre.
Irgendwo weit draußen im Meer soll er gelegen haben, jener geheimnisvolle Punkt, an dem die Erde ins Bodenlose stürzt: Pilgerphantasien, in die Jahre gekommen. Bis ins späte Mittelalter hinein galt Santiago als letzte seelsorgerliche Station vor dem Ende der Welt. Und weil die Neugierde und Abenteuerlust groß waren, zogen viele Pilger bis an den Atlantik, um ein Stück weit hinter den Vorhang zu schauen, in den weiten Bühnenraum des Nichts.
Allein die Kirche mochte das letzte Stück des Jakobswegs von Santiago nach Finisterre nicht wirklich anerkennen. Zu heidnisch schien ihr das Kap im Atlantik, zu aufrührerisch die Begegnung mit alten Kultplätzen und ketzerischen Beschwörungen. Die Pilgerschaft, so das Credo des Papstes, habe am Grab des Apostels zu enden und nicht im *mare tenebrosum*. Doch derlei Direktiven schlug man in den Wind, diesmal zumindest. Finisterre war die Sünde wert, der Übermut siegte: weiter, mehr, Meer. Und so ist es geblieben. Dieses letzte Stück des Camino wird fast schon zum Sonntagsspaziergang: Die großen Mühen

sind vorbei, Santiago ist erreicht, was nun kommt, scheint Vergnügen, die reine Lust am Gehen, leichtfüßig und entspannt. Zwei Wege führen ans Kap. Der eine über Land und durch Orte wie Negreira, Maroñas und Olveiroa nach Cée und von dort nach Finisterre: eine lange Zeit vergessene Route, erst vor kurzem neu beschildert und mit Herbergen versehen. Der andere, schönere, sucht den direkten Zugang zum Atlantik und läuft von Noia über Muros und Carnota das Meer entlang bis ans Ende der Welt.

Der südliche Küstenstreifen Galiciens ist von Fjorden durchzogen. Sie haben sich nach der letzten Kaltphase vor etwa zehntausend Jahren gebildet, als Wasser durch Risse und Flusstäler ins Landesinnere drang und breite Täler herausspülte, die *rias*, mit Sandbänken und flachen Ufern. Die Straße schlängelt sich schläfrig durch die Dörfer. Die meisten Hotels und Restaurants haben nur im Sommer geöffnet, wenn die Touristen kommen. Vom Herbst bis in den späten Mai hinein sind die Rollläden heruntergelassen, da müssen auch Pilger sehen, wo sie bleiben. Kein *turismo de peregrinaje*, keine Andenkenläden, keine Pilgermenüs. Wer hier wandert, ist für sich.
Steine erzählen Geschichten. Die Jakobsmuscheln auf den Grabplatten der Iglesia Santa María la Nueva in Noia, das Santuario de la Virgen del Camino in Muros, die vielen Cruceiros, romanische und gotische Wegkreuze aus Granit: Seeluft hat ihnen zugesetzt, die Gesichter der Marien- und Christusfiguren haben ihre Konturen verloren. Doch sie stehen da und trotzen der Zeit. An jenen Orten, da man die Kreuze aufgestellt habe, seien dereinst Wunder, Verbrechen, Tragödien passiert, erzählt man sich. Und vorsehen müsse man sich an solchen Plätzen bis heute: Nur wer sich himmelwärts wende und Gott einen dank-

baren Gruß schicke, dürfe sich sicher fühlen. Und selbst die frommen Wünsche laufen manchmal ins Leere. Wenn *meigas* und *bruxas* ihre Finger im Spiel haben, ist alles Beten umsonst: Hexen reagieren nicht auf Weihrauch und Vaterunser. Und sie lieben Cruceiros. Wer genau hinsieht, kann sie ab und zu sehen, nachts oder im Sturm, wenn Wind und Nebel die Augen verschleiern.

Eu no creo nas meigas, mais haberlas hailas. Natürlich glaube man nicht an die Hexen, hört man immer wieder, aber geben tue es sie bestimmt. Oft genug haben sie Totkranke zu den Lebenden zurückgeholt, oft genug haben sie herumirrende Seelen ins Jenseits begleitet. Selbst in seriösen galicischen Zeitungen liest man von derartigen Vorkommnissen – wieso also zweifeln? Man muss auf vieles achten, in Galicien. Und man tut's. Nie dreizehn Leute an eine Tafel setzen, sonst muss einer von ihnen sterben. Nie ein aufgeschnittenes Brot mit der offenen Seite nach unten auf den Tisch legen, das könnte die Hexen ins Haus locken. Amulette sind beliebt, ¡*meigas fora!*, Hexen raus. Volks- und Aberglaube durchdringen sich. »Gott ist gut«, heißt es in einem Sprichwort, »aber der Teufel ist auch nicht schlecht.« Mit beiden gilt es auszukommen.

Ein Großteil dieser Mythen und Bräuche führt in jene Zeit zurück, da Galicien von den Kelten besiedelt war. Sie gelangten zwischen dem 7. und 6. Jahrhundert v. Chr. in den Norden Spaniens, um sich dort niederzulassen. Befestigte Dörfer entstanden, die *castros*, deren Reste bis heute zu bewundern sind: auf einer Landzunge bei Baroña unweit von Noia oder in Santa Tecla an der spanisch-portugiesischen Grenze. Das Erbe der Kelten durchdringt den Alltag bis heute. Es steckt in der Sprache, dem *gallego*, und auch in der Musik. Kein Fest ohne *gaitas*, wie die Dudelsäcke hier heißen, keines ohne die traditionellen Tänze, oft auch ums Feuer. Flammen vertreiben die Kräfte des Dunkels.

Feuer lodert auch in der *queimada*, einem Zaubertrank, gebraut vom galicischen Hexenmeister. Er wirft sich immer noch in Schale, in ein Kostüm aus Fell und Stroh, auf dem Kopf die Hörner eines Ziegenbocks. Magische Formeln bannen das Böse. *»¡Oide, oide! Os ruxidos que dan as que non poden deixar de queimarse no agoardente, quedando asi purificadas. E cando este brebaxe baixe polas nosas gorxas, quedaremos libres dos males da nosa ialma e de todo embruxamento.«* »Hört, hört«, so die Beschwörung, »das Ächzen all jener, die es nicht lassen können, sich am Feuerwasser zu verbrennen, auf dass sie gereinigt werden. Wenn dieser Trank durch unsere Kehlen fließt, werden wir frei sein von den Leiden der Seele und von jeglicher Verhexung.«

Queimada
Galicischer Feuertrunk

1 l Orujo, ersatzweise ein anderer Tresterbrand
6 EL Zucker
Schale von einer unbehandelten Zitrone, dünn abgeschnitten

Den Schnaps bis auf 3 EL in eine feuerfeste Schale geben. 4 EL Zucker und die Zitronenschale zugeben und gut verrühren. Den restlichen Zucker in eine Schöpfkelle füllen, mit dem restlichen Schnaps begießen und anzünden. Die brennende Flüssigkeit langsam in die Schale träufeln, dabei ständig umrühren. Zum Löschen der Flamme einen Deckel auf die Schale legen. Die heiße Queimada in kleinen Tonschalen servieren. Je nach Geschmack kann man auch Obststücke oder Kaffeebohnen, außerdem Kaffee, Orangenlikör und/oder Portwein dazugeben.

Harte Arbeit für die Kirche, sich gegen derlei magische Zeremonien zu behaupten. Um die Kraft alter Rituale und Orte wusste man schon lange. Darauf ließ sich bauen. Er solle die Götzentempel nicht zerstören, sondern neu weihen, gab Papst Gregor der Große dem Augustinus von Canterbury mit auf den Weg, als er ihn nach England schickte, auf dass er dort missioniere. Ähnliche Strategien verfolgte man in Spanien: Heidnische Götter wurden zu christlichen Heiligen, Kultplätze zu Kirchen. Zu beobachten auch in Muxía, unweit von Finisterre. Dort, wo früher die Pilger aus England oder Skandinavien an Land gingen, liegen Christentum und Naturreligion immer noch friedlich nebeneinander. An der Küste, von Wellen umtost, das *pedra de abalar,* das Felsensegel von Muxía: Frauen, die auf diesem Stein tanzen und ihn zum Wackeln bringen, werden schwanger, sagt man. Und wer durch die schmale Öffnung unter der *pedra dos cadrís* kriecht, soll seine Nieren- und Rückenleiden los sein. Unzählige Menschen haben sich hier in Muxía den magischen Kräften von Stein und Meer überlassen. Auch die Kirche: Nahe des Felsensegels wurde ein Gotteshaus erbaut, das Santuario de Nuestra Señora de la Barca, Unsere liebe Frau vom Boote. Und weil zu so einem Ort auch eine Legende gehört, zauberte man eine aus dem Talar. In Muxía, so heißt es, sei dereinst die Jungfrau an Land gegangen, um dem Jakobus beim Missionieren zu helfen. Wieso auch nicht? Vieles ist möglich in einem Land wie diesem. Das Santuario de Nuestra Señora de la Barca avancierte zu einem der wichtigsten Heiligtümer Galiciens, von Menschenmassen verehrt und bestürmt.

Doch das Plateau vor dem Kirchenportal spricht eine andere Sprache. Hier tanzt und kriecht man immer noch auf den Felsen herum. Alles wie immer. *Galicia mágica.*

Kurz hinter Muros öffnet sich ein Fjord, die Ría de Muros y Noia. Ein Leuchtturm und endlich der Blick aufs offene Meer. Costa de la Muerte, nennt sich der Küstenstreifen, der nordwärts zieht bis nach La Coruña, Todesküste. Finisterre liegt mittendrin. Hinter Louro taucht das Kap aus dem Nebel. Die Augen haben es leichter als die Beine, sie kommen schneller voran. Wer die Straße nimmt und nicht den Wasserweg, der ist noch zwei Tage unterwegs, durch einen herben Landstrich. Felsen, Macchia, Meer, ein paar Äcker, von steinernen Mauern vor dem Wind geschützt.

Entlang der Küste südlich von Noia lebt sich's leichter. Dort ist es milder, das richtige Klima für Wein. In den Rías Baixas baut man den Albariño an, einen der besten Weißweine Spaniens. Pilger von Rhein und Mosel hätten die Traube einst nach Galicien gebracht, ist in frühen Dokumenten zu lesen. Um 1180 haben Mönche die ersten Reben im Kloster Armenteira im Valle del Salnés nahe Cambados ausgepflanzt. Albariño, der Weiße vom Rhein. Eine Mischung aus Riesling und Weißburgunder, frisch und elegant.

Die Menschen an der Costa de la Muerte haben es schwerer. Bis vor kurzem galt die Nordwestküste Galiciens als reiches Fischwasser, in guten Jahren waren es an die hundertzwanzigtausend Tonnen Sardinen, Makrelen und Barsch, die man aus dem Meer holte, dazu Dorsch, Lachs, Thunfisch, Muscheln und Austern. Die Jakobsmuscheln aus Galicien sind berühmt, nicht nur bei Pilgern. Und auch der Oktopus auf galicische Art, mit viel Paprika serviert, hat seine Liebhaber.

┃┃● Vieiras a la gallega
┃┃┃ Jakobsmuscheln auf galicische Art

Für 4 Personen:

16 frische Jakobsmuscheln

2 EL Zitronensaft

1 Zwiebel, fein gehackt

1 Knoblauchzehe, fein gehackt

4 EL Olivenöl

1 EL gehackte Petersilie

1 TL edelsüßes Paprikapulver

1 Messerspitze Zimt

Salz und Pfeffer

⅛ l Weißwein

4 cl Orujo, ersatzweise Tresterbrand

Öl für die Muschelschalen

4 EL Semmelbrösel

Die Muschelschalen mit einem Messer öffnen, gründlich putzen und die nicht essbaren Teile entfernen. Die Corails (die orangefarbenen Rogensäckchen) vom Muschelfleisch trennen, die Muscheln mit Zitronensaft beträufeln.

Zwiebeln und Knoblauch in 3 EL Olivenöl glasig dünsten. Die Corails klein schneiden und mit der Petersilie untermischen. Mit Paprika, Zimt, Salz und Pfeffer würzen. Weißwein und Orujo angießen und einmal aufkochen lassen. 8 Muschelschalen säubern und mit Öl ausstreichen. In jede Schale 2 Muscheln legen, die Sauce darüber verteilen, mit den Semmelbröseln bestreuen und mit dem restlichen Öl beträufeln. Im vorgeheizten Ofen bei 180°C etwa 12 Minuten goldgelb überbacken.

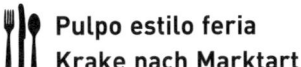

Pulpo estilo feria
Krake nach Marktart

Für 4-6 Personen:

1 frischer Seekrake (pulpo), etwa 1 kg schwer

Meersalz, süßer und scharfer Paprika

¼ l Olivenöl

Den Kraken säubern, den Körperbeutel umstülpen und Eingeweide, Kopf und Tintenbeutel vorsichtig entfernen. Die Kauwerkzeuge herausschneiden. Die Haut vom Körperbeutel und den Fangarmen abziehen und den Kraken mit einem Stößel weich klopfen, ohne jedoch die Saugnäpfe zu beschädigen.

Wasser in einem großen Kochtopf zum Kochen bringen. Den Kraken dreimal ins Wasser tauchen und wieder herausholen. Schließlich 45 Minuten kochen, bis er weich ist, und danach 15 Minuten im Wasser ruhen lassen.

Zum Servieren in kleine Stücke schneiden, mit Paprika, süßem und scharfem, und grobem Salz bestreuen und mit dem Olivenöl übergießen.

Wer Glück hat, entdeckt Entenmuscheln auf der Karte der kleinen Restaurants an der Küste, *percebes*, ein Hochgenuss für Feinschmecker: kleine Krebse, die auf rauen Felsbrocken leben, schwer zu finden und fassen. Eine Mutprobe für junge Fischer, ein Geduldspiel in langen Wintermonaten. Zuerst das Warten auf die Springfluten bei Neu- oder Vollmond und die darauf folgenden Ebben. Die sind niedriger als sonst und legen Felsenbänke frei, auf denen Entenmuscheln hausen. Und dann, wenn das Wetter klar wird und die Wellen des Atlantik sich zurückziehen, kann man es wagen und sich mit Spachtel und Messer zu den unzugänglichen Riffen abseilen, um die *percebes* aus dem Stein zu schälen. Man muss schnell sein, wendig und ohne Angst. Die Zeit ist knapp, die Flut kehrt schnell zurück. Wer da nicht aufpasst, den reißt sie mit. Entenmuscheln bringen Geld, acht- bis zehnmal so viel wie ein normaler Fang. Dafür riskiert so mancher sein Leben.

Kleine, weiß gekalkte Steinkreuze säumen die Klippen entlang der Costa de la Muerte. Sie erinnern an jene Fischer, die hier umgekommen sind. Von unvorhersehbaren Strömungen und plötzlich wechselnden Winden, von gefährlichen Felsriffen und unerwartet aufbrandenden Stürmen erzählen die Chronisten, von ungezählten Toten die Friedhöfe. Am 28. November 1596 kenterten zwanzig Schiffe der berühmten spanischen Armada vor der Küste Galiciens, mehr als tausendsiebenhundert Tote: Die Liste der Schiffbrüche ist lang. Besonders das Tankerunglück vom 13. November 2002 brachte Galicien in die Schlagzeilen, als die »Prestige« in Seenot gerät und leckgeschlagen wird. Gut 70 000 Tonnen Öl landen im Atlantik. Die Fischerei muss vorübergehend eingestellt werden, Hilfsmannschaften und Freiwillige sind Wochen und Monate beschäftigt, den Küstenstreifen zu säubern. Landschaft und Menschen haben sich langsam erholt. Über das Unglück mag man nicht reden, und zu sehen ist davon ohnehin nichts mehr. Das Wasser ist klar, der Strand sauber, die Erinnerungen sind gut verschlossen. Vor den Bars sitzen Männer und starren aufs Meer. Sie schweigen.

Die Zeit verstreicht langsam, der Weg nach Finisterre gibt einen neuen Rhythmus vor. Eile und Rastlosigkeit sind in Santiago geblieben, Gelassenheit sorgt für einen langen Atem. Das

Kap Finisterre

Ankommen hat seinen Reiz verloren. Ist man schon drei Tage unterwegs oder vier? Nichts und niemand da, mit dem man sich messen müsste. Keine Mitpilger zum Reden, keine neugierigen Fragen, nur freundliche Blicke, manchmal ein Nicken. Erst in Cée kehrt der Alltag zurück. Die beiden Wege treffen aufeinander, der Land- und der Küstenweg. Sie ziehen gemeinsam westwärts. Finisterre ist nicht mehr weit. Schon von weitem sind große Häuser zu sehen, Hotels mit Panoramafenstern, dahinter riesige Speisesäle. Touristen wälzen sich durch die engen Gassen, der Busparkplatz ist dicht besetzt, nicht nur im Sommer. Ziemlich viel Rummel. Am Ortsausgang führt ein schmaler Weg an der Kirche Santa María das Areas vorbei hinaus aufs Kap. Noch eine knappe Stunde, die letzte Wegmarke, der Kilometer 0.0. Angekommen, diesmal wirklich.

Wieder ist es eine Täuschung. Auf einem Felsbrocken ein weiterer gelber Pfeil und ein paar verwaschene Lettern. »5000 Kilometer. *Ultreia!*« Irgendwo hinter dem Ozean muss Argentinien liegen. Sind's 5000 Kilometer – oder mehr? Die Mär vom Schlund im Atlantik ist Geschichte, Amerika entdeckt. Und dass die Erde rund ist, weiß man schon lange. Weltraumsatelliten haben unseren Planeten im Blick, auch den Camino. Doch der Jakobsweg ist keine leicht zu vermessende Strecke mit Anfang und Ende. Vieles bleibt offen.

Ein kleines Plateau direkt über dem Meer. Eine Feuerstelle, Reste von Stoff liegen in der Asche, ein Stück Leder, ein paar Ösen aus Metall. Pilger haben hier ihre Kleider und Schuhe verbrannt, wie Tausende Menschen vor ihnen. Wer den Jakobsweg hinter sich gebracht hat, dem ist eine neue Haut gewachsen, der ist am Ende seiner Welt angekommen. Um dort zu erfahren, dass sein Kosmos weiter ist denn je.

Was also bleibt vom Camino? Ein paar Spuren, so Antonio Machado, ein Bündel an Erfahrungen, nichts, woran sich ein anderer halten könnte. Weil's eigentlich keinen Weg gibt. »Im Gehen entsteht der Weg, / und schaust du zurück, siehst du den Pfad, / den du nie mehr betreten kannst. / Wanderer, / es gibt keinen Weg, / nur eine Kielspur im Meer.«

Caminante, son tus huellas
el camino y nada más;
caminante, no hay camino,
se hace camino al andar.
Al andar se hace camino
y al volver la vista atrás
se ve la senda que nunca
se ha de volver a pisar.
Caminante, no hay camino,
sino estelas en la mar.

Susanne Schaber wurde in Innsbruck geboren und ist mit dem Gehen und Wandern aufgewachsen. Sie hat Germanistik und Anglistik studiert und lebt heute als Literaturkritikerin und Autorin in Wien. Zuletzt erschienen die Bände »Weit hinten lacht die Ewigkeit – Streifzüge durch Venetien«, »Provence – Wo das Licht dem Meer begegnet« und »Wien – Ein Reisebegleiter«. Ihre zahlreichen Reisen haben sie immer wieder in Spanien ankern lassen, wo sie seit Jahren verwurzelt ist. Dem Jakobsweg ist sie mehrfach gefolgt, bis nach Finisterre, ans Ende der Welt.

Orts-, Sach- und Namenregister

Rezepte

Quellenvermerk

Berger, John: *Das Leben der Bilder oder Die Kunst des Sehens.* © Verlag Klaus Wagenbach, Berlin 1995

Borges, Jorge Luis: *Der Geschmack eines Apfels. Gedichte.* Ausgewählt von Raoul Schrott. Übers. v. Gisbert Haefs und Raoul Schrott. © Carl Hanser Verlag, München 1999

Burton, Robert: *Anatomie der Melancholie.* Dieterich'sche Verlagsbuchhandlung, Mainz 1995

Hemingway, Ernest: *Fiesta.* © Rowohlt Verlag, Reinbek 1956

Herodot: *Historien.* Reclam Verlag, Ditzingen 2002

Kafka Franz, *Gesammelte Werke.* © S. Fischer Verlag, Frankfurt/Main 1983

Machado, Antonio: *Campos de Castilla – Kastilische Landschaften.* Herausgegeben, übertragen und mit einem Nachwort versehen von Fritz Vogelsang. © Ammann Verlag, Zürich 2001

Nizon, Paul: *Gesammelte Werke.* © Suhrkamp Verlag, Frankfurt/Main 1999

Nooteboom, Cees: *Der Umweg nach Santiago.* A. d. Niederl. v. Helga van Beuningen. © Suhrkamp Verlag, Frankfurt/Main 1996

Schrott, Raoul: *Die Erfindung der Poesie*, darin: Lied eines irischen Mönches. © Eichborn Verlag, Frankfurt/Main 1997

Sterne, Laurence: *Tristram Shandy.* Insel Verlag, Frankfurt/Main 2004

Stevenson, Robert Louis: *Reise mit dem Esel durch die Cevennen.* Diederichs Verlag, München 1995

Wolf, Reinhart: *Castillos*, darin: Hierro, José. Übers. v. Rainer Chrapkowski. © Schirmer/Mosel, München 2001

Bildnachweis